Ausbildung von Einsatzkräften – Kompetenzerwerb ermöglichen

Anmerkungen des Verlags

Die Herausgeber bzw. der Autor und der Verlag haben höchste Sorgfalt hinsichtlich der Angaben von Richtlinien und Empfehlungen aufgewendet. Für versehentliche falsche Angaben übernehmen sie keine Haftung. Da die gesetzlichen Bestimmungen und wissenschaftlich begründeten Empfehlungen einer ständigen Veränderung unterworfen sind, ist der Benutzer aufgefordert, die aktuell gültigen Richtlinien anhand der Literatur zu überprüfen und sich entsprechend zu verhalten.
Die Angaben von Handelsnamen, Warenbezeichnungen etc. ohne die besondere Kennzeichnung ®/™/© bedeuten keinesfalls, dass diese im Sinne des Gesetzgebers als frei anzusehen wären und entsprechend benutzt werden könnten.
Der Text und/oder das Literaturverzeichnis enthalten Links zu externen Webseiten Dritter, auf deren Inhalt der Verlag keinen Einfluss hat. Deshalb kann er für diese fremden Inhalte auch keine Gewähr übernehmen. Für die Inhalte der verlinkten Seiten ist stets der jeweilige Anbieter oder Betreiber der Seite verantwortlich.
Aus Gründen der Lesbarkeit ist in diesem Buch meist die männliche Sprachform gewählt worden. Alle personenbezogenen Aussagen gelten jedoch stets für Personen beliebigen Geschlechts gleichermaßen.

Bibliografische Information der Deutschen Nationalbibliothek
Die Deutsche Nationalbibliothek verzeichnet diese Publikation in der Deutschen Nationalbibliografie; detaillierte bibliografische Daten sind im Internet über https://dnb.dnb.de abrufbar.

Rathausstraße 1, 26188 Edewecht
kundenservice@skverlag.de
Gesamtherstellung und Druck: Bürger Verlag GmbH & Co. KG, Edewecht
ISBN 978-3-96461-048-5

SEGmente

Herausgeber: Frank Meurer
Thomas Mitschke
Jürgen Schreiber

Band 16

Ausbildung von Einsatzkräften – Kompetenzerwerb ermöglichen

Michael Bräuer

S+K

Verlagsgesellschaft Stumpf & Kossendey mbH, Edewecht 2022

Inhalt

Abkürzungsverzeichnis

Abb.	Abbildung
Aufl.	Auflage
AVIVA©	ankommen und einstimmen, Vorwissen aktivieren, informieren, verarbeiten, auswerten
BWL	Betriebswirtschaftslehre
bzw.	beziehungsweise
ca.	circa
d.h.	das heißt
DIN	Deutsches Institut für Normung e.V., Deutsche Industrienorm
et al.	und andere (et alii, et aliae, et alia)
evtl.	eventuell
FwDV	Feuerwehr-Dienstvorschrift
ggf.	gegebenenfalls
i.d.R.	in der Regel
IT	Informationstechnik
Kap.	Kapitel
KMK	Kultusministerkonferenz
m	Meter
min	Minuten
o.Ä.	oder Ähnliches, oder Ähnlichem
o.g.	oben genannt
S.	Seite
s.	siehe
s.a.	siehe auch
s.o.	siehe oben
s.u.	siehe unten
Tab.	Tabelle
u.a.	und andere, unter anderem
u.U.	unter Umständen
UE	Unterrichtseinheit
vgl.	vergleiche
z.B.	zum Beispiel

1 Einige Worte vorweg …

Bücher über das Ausbilden gibt es viele – schon wieder eines, möchte man fast sagen. Dieses Buch soll nicht etablierte Standardwerke für die Ausbildung im Rettungsdienst (z.B. Langewand, Birkholz und Dobler 2016) oder im Bevölkerungsschutz ersetzen, sondern eine Lücke schließen: Nach Einführung und fortschreitender Umsetzung handlungs- bzw. kompetenzorientierter Unterrichtskonzepte im allgemein- und berufsschulischen Bereich halten diese auch in die Ausbildungslandschaft im Bevölkerungsschutz Einzug. Sie werden aber nach Beobachtung des Autors und der Herausgeber noch viel zu wenig in der einschlägigen Literatur oder Ausbildungskonzepten berücksichtigt – geschweige denn in der Ausbildung umgesetzt.

Wie aber bildet man handlungs- bzw. kompetenzorientiert aus? Zunächst müssen an dieser Stelle alle enttäuscht werden, die eine einfache Anleitung erwarten, die immer funktioniert. Die gibt es leider nicht! Es bleibt dem/der Ausbildenden überlassen, wie sie ihre Ausbildung gestaltet – und das ist auch gut so! Viele alte Weisheiten der Didaktik gelten weiterhin: Abwechslung bei den Methoden, Informationsphasen begrenzen und viel Zeit zum Anwenden einplanen (Meyer 2010). Das ist nichts Neues, gewinnt aber im Zuge der Handlungs- und Kompetenzorientierung weiter und mehr Bedeutung.

Mit diesem SEGmente-Band soll den Ausbildenden im Bevölkerungsschutz, Rettungsdienst und der Feuerwehr eine kleine Hilfestellung dabei gegeben werden, ihre Ausbildung selbst daraufhin überprüfen zu können, ob sie Kompetenzerwerb ermöglicht oder ob über Veränderungen nachgedacht werden sollte. Die vorgestellten Merkmale eines kompetenzorientierten Unterrichts sind bewusst einfach gehalten, um einen direkten Vergleich zwischen eigener Ausbildungsdurchführung und Ausbildungsreflexion möglich zu machen. Für tiefergehende Hintergründe sei auf die Literaturliste verwiesen.

Mein Dank gilt Tobias E. Höfs und Andreas Meyer, die 2013 mit mir zusammen die erste Veröffentlichung zur Kompetenzorientierung im Feuerwehrbereich erarbeitet und damit einen wesentlichen Grundstein für meine weitere Arbeit gelegt haben. Ein Dankeschön auch an Thomas Mitschke, der als Reihenherausgeber den Anstoß zu diesem Büchlein gab und die Entstehung konstruktiv begleitet hat. Ein besonderer Dank gilt meinem Kollegen Andreas Bömmel für die kritische Durchsicht des wachsenden Manuskriptes, die vielen kreativen Gespräche zu handlungs- und kompetenzorientiertem Unterricht und die Ausarbeitung des Beispiels aus dem Sanitätsbereich in KAPITEL 5.2.

Noch eine persönliche Anmerkung: Die Expertise des Autors stammt fast ausschließlich aus seiner knapp 30-jährigen ehren- und hauptamtlichen Praxis in der Ausbildung von Feuerwehreinsatzkräften. Die Beispiele sind deshalb oft feuerwehrlastig, sollten aber problemlos auf andere Einsatzorganisationen zu übertragen sein.

Und nun viel Spaß beim Lesen – und vor allem beim Ausprobieren.

2 Was ist Kompetenz?

Die Kultusministerkonferenz (KMK) hat in Deutschland die Rahmenlehrpläne für den berufsbezogenen Unterricht in der Berufsschule nach Lernfeldern strukturiert. Seitdem steht der Erwerb einer umfassenden Handlungskompetenz im Mittelpunkt des pädagogischen Wirkens (KMK 2021). Die KMK versteht **Handlungskompetenz** „als die Bereitschaft und Befähigung des Einzelnen, sich in beruflichen, gesellschaftlichen und privaten Situationen sachgerecht durchdacht sowie individuell und sozial verantwortlich zu verhalten" (KMK 2021, S. 15). Weiter heißt es dort: „Handlungskompetenz entfaltet sich in den Dimensionen von Fachkompetenz, Selbstkompetenz und Sozialkompetenz."

Fachkompetenz
„Bereitschaft und Fähigkeit, auf der Grundlage fachlichen Wissens und Könnens Aufgaben und Probleme zielorientiert, sachgerecht, methodengeleitet und selbstständig zu lösen und das Ergebnis zu beurteilen." (KMK 2021, S. 15)

Selbstkompetenz
„Bereitschaft und Fähigkeit, als individuelle Persönlichkeit die Entwicklungschancen, Anforderungen und Einschränkungen in Familie, Beruf und öffentlichem Leben zu klären, zu durchdenken und zu beurteilen, eigene Begabungen zu entfalten sowie Lebenspläne zu fassen und fortzuentwickeln. Sie umfasst Eigenschaften wie Selbstständigkeit, Kritikfähigkeit, Selbstvertrauen, Zuverlässigkeit, Verantwortungs- und Pflichtbewusstsein. Zu ihr gehören insbesondere auch die Entwicklung durchdachter Wertvorstellungen und die selbstbestimmte Bindung an Werte." (KMK 2021, S. 15)

Sozialkompetenz
„Bereitschaft und Fähigkeit, soziale Beziehungen zu leben und zu gestalten, Zuwendungen und Spannungen zu erfassen und zu verstehen sowie sich mit anderen rational und verantwortungsbewusst auseinanderzusetzen und zu verständigen. Hierzu gehört insbesondere auch die Entwicklung sozialer Verantwortung und Solidarität." (KMK 2021, S. 15)

„Methodenkompetenz, kommunikative Kompetenz und Lernkompetenz sind immanenter Bestandteil von Fachkompetenz, Selbstkompetenz und Sozialkompetenz." (KMK 2021, S. 16)

Methodenkompetenz
„Bereitschaft und Fähigkeit zu zielgerichtetem, planmäßigem Vorgehen bei der Bearbeitung von Aufgaben und Problemen (zum Beispiel bei der Planung der Arbeitsschritte)." (KMK 2021, S. 16)

Kommunikative Kompetenz
„Bereitschaft und Fähigkeit, kommunikative Situationen zu verstehen und zu gestalten. Hierzu gehört es, eigene Absichten und Bedürfnisse sowie die der Partner wahrzunehmen, zu verstehen und darzustellen." (KMK 2021, S. 16)

Lernkompetenz
„Bereitschaft und Fähigkeit, Informationen über Sachverhalte und Zusammenhänge selbstständig und gemeinsam mit anderen zu verstehen, auszuwerten und in gedankliche Strukturen einzuordnen. Zur Lernkompetenz gehört insbesondere auch die Fähigkeit und Bereitschaft, im Beruf und über den Berufsbereich hinaus Lerntechniken und Lernstrategien zu entwickeln und diese für lebenslanges Lernen zu nutzen." (KMK 2021, S. 16)

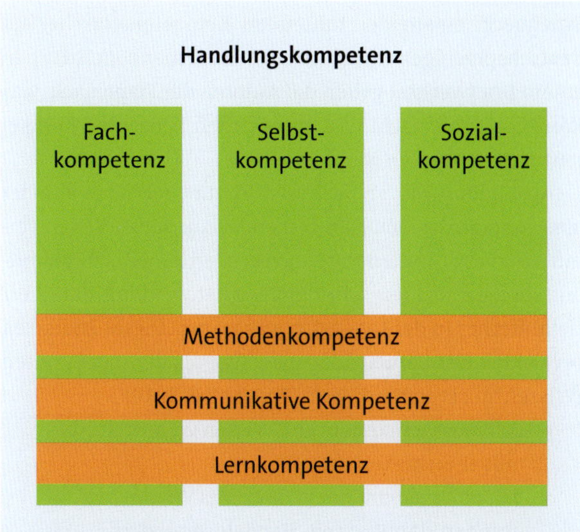

Abb. 1 ▶ Handlungskompetenz nach Definition der KMK

Wann immer im Weiteren in diesem Buch von Kompetenz bzw. Kompetenzen gesprochen wird, ist diese Handlungskompetenz bzw. deren Teilkompetenzen gemeint.

Was aber nun ist Kompetenz? Diese Frage ist nicht ganz einfach zu beantworten. In der Literatur gibt es eine Vielzahl an Definitionen von Kompetenz, die in ihrem Wesen zwar durchaus gleich sind, sich im Detail aber unterscheiden. Wir wollen deshalb zunächst betrachten, was Kompetenz nicht ist, und dann eine einfache und griffige Definition aufstellen.

2.1 „Wissen ist keine Kompetenz"

Die Überschrift ist der Titel eines Buches von Rolf Arnold, Mitbegründer konstruktivistischer Pädagogik, und John

Erpenbeck, einem der führenden Kompetenzforscher im deutschsprachigen Raum (Arnold und Erpenbeck 2017). In einem Briefwechsel gehen die Autoren der Frage nach, was Kompetenz ausmacht und mit welchen Konzepten Kompetenzerwerb möglich ist.

Ausbildung war vielfach und ist zum Teil noch von der Idee geprägt, dass ich dem Lernenden zunächst Wissen vermitteln muss (Anmerkung: auch Wissen kann nicht vermittelt, sondern sich nur selbst angeeignet werden!), damit er/sie hinterher in der Lage ist, etwas zu tun. Dieses Irrdenken bezeichnet der Berufspädagoge Bauer als die sogenannten „Wissensmissverständnisse" (Bauer et al. 2010):

- Ich muss jemandem erst Wissen vermitteln, damit er etwas tun kann.
- Ich muss jemandem verändertes Wissen beibringen, damit er sein Handeln verändert.
- Wenn jemand verändertes Wissen hat, wird er sein Handeln verändern.

Dass dem nicht so ist, zeigt bereits eine Alltagserfahrung: Jeder Raucher weiß, dass Rauchen gesundheitsschädlich ist – er müsste, den Wissensmissverständnissen folgend, demnach sofort aufhören zu rauchen!

Der Unterschied zwischen Wissen und Handeln ist in der lernpsychologischen Forschung übrigens gut belegt: So konnten z.B. Gruber, Mandl und Renkl (2000) in einer Studie mit BWL-Studenten und einer Vergleichsgruppe aus Psychologiestudenten zeigen, dass das betriebswirtschaftliche Wissen der BWL-Studenten bei der Führung eines simulierten Wirtschaftsunternehmens keinen Einfluss auf die Ergebnisse hatte. Die BWL-Studenten waren zwar in der Lage, die theoretischen Zusammenhänge gut zu beschreiben, schnitten aber deshalb nicht besser ab als die Vergleichsgruppe.

2.2 Kompetenz ist mehr als Wissen und Fertigkeiten

Betrachten wir die Kompetenzdefinitionen der KMK (s.o.), so begegnet uns in allen das Begriffspaar „Bereitschaft und Fähigkeit". Kompetenz bedeutet also – vereinfacht gesagt:

1.) zu wissen, wie etwas geht (dabei kann es sich auch um implizites, d.h. unbewusstes Wissen handeln),
2.) die (kognitiven) Fähigkeiten und (motorischen) Fertigkeiten zu haben, etwas zu tun, und
3.) den Willen (d.h. die innere Einstellung) zu besitzen, es zu tun.

Das lässt sich in der sogenannten Kompetenzformel (Strauß, Breitkopf und Kalt 2019) darstellen:

Kompetenz = Wissen × Können × Wollen

Ist einer der genannten Faktoren in der Formel null, so ist auch keine Kompetenz vorhanden. Das bedeutet u.a., dass **Wissen** ein notwendiger Bestandteil von Kompetenz ist. Dabei handelt es sich vor allem um ein Wissen, wie und warum Dinge auf eine bestimmte Art und Weise getan werden. Es kann auch reines Faktenwissen bedeuten, es muss aber immer handlungsorientiert sein, d.h. zur Ausübung einer Handlung notwendig. Andernfalls handelt sich um sogenanntes „träges Wissen" (vgl. dazu Mandl und Gerstenmeyer 2000), das also nicht zu Problemlösungen eingesetzt werden kann oder in neuen Situationen nicht weiterhilft beim Handeln.

Wann immer im Folgenden von Wissen die Rede ist, ist immer dieses handlungsorientierte Wissen gemeint!

Beispiel:

Um im Einsatz ein Funkgespräch kompetent abzuwickeln, sind bestimmte Wissensbausteine notwendig. Ich muss z.B. den Funkrufnamen eines Fahrzeuges kennen, das ich ansprechen möchte, oder muss wissen, welche Taste ich am Funkgerät drücken muss. Dies sind z.B. auch Bausteine, die ich zu Beginn meiner Karriere als Einsatzkraft unter Umständen erst einmal auswendig lernen muss! Ob dagegen das Wissen über die physikalischen Eigenschaften von Funkwellen, die Frequenzbereiche und den technischen Aufbau des Sprechfunknetzes für kompetentes Funken notwendig ist, möge sich an dieser Stelle jeder Leser selbst beantworten.

Können fasst an dieser Stelle (kognitive) Fähigkeiten und (motorische) Fertigkeiten zusammen (Fähigkeit im Sinne der KMK-Definition meint sowohl kognitive als auch motorische Fähigkeiten. Das Begriffspaar Fähigkeiten und Fertigkeiten bringt aus Sicht des Autors aber den eher kognitiven Ansatz einer „Fähigkeit" und den eher auf die Motorik bezogenen Ansatz einer „Fertigkeit" zum Ausdruck.) Fähigkeiten entstehen oft, aber nicht notwendigerweise aus Wissen: Wenn Sie zum Beispiel Schach spielen wollen, müssen Sie irgendwann einmal die einzelnen Figuren unterscheiden können und wissen, wie sich diese bewegen dürfen. Indem Sie ausreichend häufig Schach spielen, erwerben Sie die Fähigkeit, es zu spielen. Dagegen ist es beim Jonglieren eher weniger hilfreich zu wissen, dass ich zunächst einen Ball nach oben werfen muss, bevor ich den anderen auffange und dabei immer einer der drei Bälle in der Luft bleibt. Hier erwerben Sie eher eine Fertigkeit.

Zu guter Letzt ist Kompetenz am Ende auch immer mit einer inneren Haltung bzw. einem inneren Antrieb (dem **Wollen**) verbunden. Dieses Wollen entsteht immer aus der

Abb. 2 ▶ Vieles, was wir als „Wissen" bezeichnen, ist erst einmal nur Information – zu Wissen wird es erst in der Anwendung in konkreten Handlungssituationen

Kombination unserer Persönlichkeit, unseren inneren Werten und den Haltungen, die wir erworben haben.

2.3 Kompetenz entwickeln lassen – die Rolle des Ausbilders

Hat man einmal verstanden, dass Kompetenz zum einen mehr ist als reines Wissen und zum zweiten Wissen, Können und Wollen nur vom Lernenden selbst entwickelt, aber nicht vom Lehrenden vermittelt werden können, wird einem bewusst, welche Rolle der Ausbilder bei der Kompetenzentwicklung spielt:

Der Ausbilder wird zum **Lernbegleiter,** der Aufmerksamkeit bei den Lernenden erzeugt und Lerninhalte gehirngerecht aufbereitet und anbietet (d. h. strukturiert, visualisiert, „in kleinen Häppchen“).

Der Ausbilder wird zum **Lernprozessbegleiter,** der die Lernenden bei ihrer Suche unterstützt und eine Lernumgebung schafft, in der sich die Lernenden das notwendige Wissen, die notwendigen Fähigkeiten und Fertigkeiten aneignen können und in der eine Haltung entstehen kann, die kompetenzförderlich ist.

Wie der Ausbilder diese Rolle in der Ausbildung einnehmen und die o. g. Lernumgebung schaffen kann, wird in den folgenden Kapiteln an einfachen und praktisch umsetzbaren Beispielen erläutert.

2.4 Exkurs in die konstruktivistische Weltsicht

Allen Überlegungen in diesem Buch liegt die konstruktivistische Weltsicht zugrunde: Eine objektive Wirklichkeit gibt es nicht, jeder konstruiert sich seine Wirklichkeit! (vgl. Gumin und Meier 2015, Watzlawick 2018).

Der Mensch als biologisches Wesen ist ein abgeschlossenes System, das nur aufgrund äußerer Reize, die durch die Sinnesorgane in Signale (elektrische, chemische und nach neueren Forschungen möglicherweise auch mechanische [vgl. Fox 2021]) umgewandelt und vom Gehirn interpretiert werden, mit seiner Umwelt interagiert (vgl. Maturana und Varela 2015). Ohne chirurgische Eingriffe in das neuronale Nervensystem enden die Einflussmöglichkeiten des Lehrenden spätestens am Trommelfell, an der Netz- oder

Abb. 3 ▶ Der Ausbildende als Bergführer: Er kennt das Ziel und begleitet die Auszubildenden auf ihrem Weg – gehen müssen diese den Weg aber selbst.

Nasenschleimhaut und auf der Hautoberfläche der Lernenden. Wobei nicht verschwiegen werden soll, dass die Rolle des Ausbilders innerhalb der verschiedenen Ausprägungen der konstruktivistischen Didaktik unterschiedlich bewertet wird. Einige Vertreter (z.B. Reich 2012) reduzieren die Person des Ausbilders auf die Rolle des Beobachters, des Beraters und einer gelegentlich zu nutzenden Wissensressource für die Lernenden. Andere (z.B. Roth 2011) vertreten die Auffassung, dass die Ausbildungskraft und deren Persönlichkeit für die Lernenden gleichermaßen Vorbildfunktion haben und für die Glaubwürdigkeit des zu vermittelnden Stoffes stehen und deshalb elementar wichtig sind. Diese Expertenstreitigkeiten sollen an dieser Stelle jedoch keine Rolle spielen. Aus Sicht der täglichen Unterrichtsarbeit widersprechen sich beide Aussagen nicht und unterstreichen nur das in Kapitel 2.3 Gesagte.

3 Meine Ausbildung planen

Wie das Sprichwort sagt: „Gut vorbedacht – schon halb gemacht.“ Planung gehört zur Ausbildung unbedingt dazu. Ungeplant können zwar auch Kompetenzen erworben werden – oder den Gedanken des Hirnforschers Manfred Spitzer (2007) abgewandelt ausgedrückt: Wir lernen immer! –, ob es aber die sind, die im Einsatz benötigt werden, bleibt dem Zufall überlassen.

3.1 Wo will ich hin?

Am Anfang jeder Ausbildungsplanung steht die Festlegung des Ziels. Im Einsatz besteht für die Einsatzkräfte die Notwendigkeit zum Handeln, deshalb müssen sie nicht nur wissen, wie etwas geht, sondern es auch tun! In der Ausbildung im Bevölkerungsschutz muss deswegen im Zentrum immer die Frage stehen „Was sollen die Teilnehmer nach der Ausbildung (besser) können?“

Egal ob Sie eine Unterweisung, Einweisung, Übung oder Einsatzübung planen, der Festlegung des Ziels muss immer eine hohe Bedeutung beigemessen werden. Dabei können sich Ziele auch zwischen verschiedenen Zielgruppen unterscheiden, es lohnt sich aber immer, sich darüber Gedanken zu machen. In einer Einsatzübung könnte zum Beispiel ein konkretes Lernziel für Mannschaften lauten „Die Übenden errichten schnell und sicher ein Sanitätszelt.“, während ein Lernziel für den Gruppenführer beispielsweise lauten könnte „Der Gruppenführer bestimmt nach der Erkundung fachgerecht den Standort eines Sanitätszeltes.“ Bestenfalls wird eine Einsatzübung ohne klar definierte Ziele sinnlos, im schlechtesten Fall trägt sie zur Demotivation der Übenden bei!

Lernziele bestehen im Wesentlichen aus einem Inhaltsteil und einem Verhaltensteil: Ein Lernziel beschreibt somit möglichst konkret „Was“ (Inhaltsteil) die Teilnehmer „Wie“ (Verhaltensteil) und ggf. unter welchen Bedingungen nach einem Lernprozess erworben haben sollen.

Weitere Beispiele für formulierte Lernziele:

- *Die Lernenden nehmen fachgerecht einen Hydranten in Betrieb.*
- *Die Lernenden messen fachgerecht den Blutdruck eines Patienten und bewerten das Ergebnis nach gültigen medizinischen Referenzwerten.*
- *Die Lernenden tragen, rollen und legen Rollschläuche unfallsicher aus.*

Die Verben in Tabelle 1 eignen sich besonders für die Formulierung von Lernzielen. Selbstverständlich sind auch noch viele andere Verben möglich, solange sie eine direkt beobachtbare Handlung beschreiben.

Tab. 1 ▶ Operatoren für die Formulierung von Lernzielen (nach Strauß, Breitkopf und Kalt 2019)

angeben	aufzeichnen	bezeichnen	aufschreiben
nennen	zeigen	aufzählen	benennen
wiedergeben	begründen	vergleichen	erstellen
beschreiben	abschätzen	ausführen	durchführen
erklären	anknüpfen	entwickeln	erläutern
aufstellen	interpretieren	ordnen	modifizieren
einordnen	berechnen	formulieren	unterscheiden
bestimmen	umschreiben	verdeutlichen	beweisen
übertragen	darlegen	zerlegen	analysieren
ableiten	identifizieren	auflösen	einkreisen
gliedern	isolieren	auswählen	gewichten

Tab. 1 ▶ Operatoren für die Formulierung von Lernzielen (nach Strauß, Breitkopf und Kalt 2019)

werten	auswerten	messen	widerlegen
beurteilen	prüfen	lokalisieren	bewerten
urteilen	reihen	differenzieren	vereinfachen
kontrollieren	entscheiden	folgern	vertreten
entwerfen	abfassen	zusammenstellen	erweitern
aufbauen	organisieren	verfassen	vorschlagen
kombinieren	optimieren	konstruieren	planen
beachten	akzeptieren	sich verpflichtet fühlen	aufmerksam werden
gutheißen	überzeugt sein	berücksichtigen	gelten lassen
bedenken	einverstanden sein	Grundsätze haben	beherzigen
zulassen	Werte einordnen	bemerken	anerkennen
Beurteilungsmaßstäbe finden	bereit sein zu	zustimmen	Konsequenzen ziehen aus
einwilligen	praktizieren	Werte gegeneinander abwägen	sich beteiligen
Prioritäten entwickeln	Beziehungen herstellen	bevorzugen	billigen
anwenden	handeln	wiederholen	ausdrücken
wagen	erproben	verbessern	fördern
erfahren	gestalten	trainieren	üben

Übrigens: Folgende Verben (aus Strauß, Breitkopf und Kalt 2019, S. 27) eignen sich nicht für die Formulierung von Lernzielen und stellen eine Ausschlussliste dar, da sie keine direkt beobachtbare Handlung beschreiben:

- wissen
- verstehen
- kennen
- können
- glauben
- informiert sein
- lernen.

3.2 Wie komme ich mit den Lernenden dorthin?

Haben Sie ein Ziel definiert, dann – und erst dann – können Sie sich Gedanken machen, wie Sie mit Ihren Lernenden gemeinsam dieses Ziel erreichen. Das heißt: Welchen Inhalt wollen Sie mit den Lernenden in der zur Verfügung stehenden Zeit mit welchen Methoden und welchen Medien bearbeiten?

3.2.1 Rahmenbedingungen

Die Rahmenbedingungen der Lernsituation spielen bei der Planung immer eine wichtige Rolle. Beispielsweise hat die Teilnehmerzahl unmittelbaren Einfluss auf die Methodenwahl oder auch die Einteilung in Gruppen oder die Anzahl notwendiger Stationen in der praktischen Ausbildung. Zwar werden die Teilnehmerzahl und die Anzahl der zur Verfügung stehenden Ausbilder oft von außen vorgegeben, dies darf aber keine Ausrede dafür sein, 50 Teilnehmer in einen Saal einzusperren, ihnen anschließend durch den Ausbilder eine Stunde frontal zu erklären, „wie etwas geht", und sich hinterher zu wundern, dass es keiner kann.

Viele Bedingungen kann ich als Ausbilder darüber hinaus durchaus beeinflussen: Warum muss ich die Sitzordnung wie vorgefunden akzeptieren, und wer verbietet mir, meine Ausbildung in die Fahrzeughalle zu verlegen?

3.2.2 Inhalt

Eine der schwierigsten Aufgaben bei der Vorbereitung einer Ausbildung ist sicherlich die Auswahl des Inhalts, d.h. des konkret zu behandelnden Stoffes. Zur sogenannten didaktischen Reduktion (d.h. Auswahl der wirklich notwendigen Inhalte, zum Erreichen des Lernziels) lassen sich ganze Bücher füllen. Hier seien nur zwei wichtige Hinweise gegeben:

- Die Inhalte müssen sich immer aus den gesetzten Zielen ableiten lassen.
- Trägt ein Inhalt nicht zum Erreichen des Zieles bei, ist er wegzulassen.

Die beiden Hinweise machen noch einmal deutlich, wie wichtig die Zielsetzung am Anfang des Planungsprozesses ist. Nur durch eine genaue Zielsetzung kann auch eine inhaltliche Auswahl vorgenommen werden (Inhaltsteil des Zieles).

Um noch einmal das obige Beispiel des Schachspielens zu bemühen:

Die einzelnen Figuren unterscheiden zu können und zu wissen, wie sich diese bewegen dürfen, sind notwendige Inhalte, um Schach zu spielen. Dagegen sind die Geschichte des Schachs, das verwendete Material für die Figuren und das Schachbrett sowie die Abmessungen und Gewichte derselben völlig unbedeutend für die Handlung an sich (auch wenn diese Informationen interessant sein können).

3.2.3 Methoden

In Kapitel 3.3 werden einige Methoden vorgestellt und ihre Durchführung erläutert. Eine Methodensammlung ist aber nicht Gegenstand dieses Buches. Dafür sei auf die Literatur verwiesen (z.B. Langewand, Birkholz und Dobler 2016, Brinker und Schumacher 2014, Enke und Kuhnke 2013, Mattes 2011). Dennoch an dieser Stelle einige Gedanken zum

ABB. 4 ▶ Erst aktivierende Unterrichtsmethoden ermöglichen einen Lernprozess – mehr dazu in KAPITEL 3.3

Methodeneinsatz: Wie in KAPITEL 2 dargestellt, können Wissen, Können und Wollen (Kompetenz!) nur vom Lernenden selbst in einem aktiven Lernprozess erworben werden. Diesen Erwerb muss ich als Ausbilder deshalb durch eine sinnvolle Methodenauswahl ermöglichen. Der Pädagoge Rolf Arnold spricht in diesem Zusammenhang deshalb von einer Ermöglichungsdidaktik (vgl. Arnold 2012, 2013 und 2017).

Aktivierende Methode bedeutet in diesem Zusammenhang deshalb immer, dem Lerner Gelegenheit zu geben, den Lernstoff (Inhalt) aus verschiedenen Blickwinkeln zu betrachten, mit seinen eigenen Erfahrungen abzugleichen und in Zusammenhang zu bringen, mit anderen Lernenden über verschiedene Aspekte zu diskutieren und letztlich im Sinne der Handlungskompetenz in möglichst realistischen Lernsituationen anzuwenden. Beispiele für solche Methoden und konkrete Umsetzungen in der Ausbildung finden sich in Kapitel 3.3 und in den Beispielen in Kapitel 5.

3.2.4 Medien

Die Aufmerksamkeitsspanne eines gesunden Erwachsenen, d.h. die Fähigkeit sich zu 100 Prozent auf etwas zu konzentrieren, ohne sich von äußeren Reizen ablenken zu lassen, liegt tatsächlich nur bei einigen Sekunden. Dabei kommt es auch auf die Art und Intensität des äußeren Reizes an. Dies ist auch logisch, diente diese Ablenkbarkeit doch in der Evolution unserem Überleben. Es wäre für einen Steinzeitmenschen schließlich äußerst fatal gewesen, das Knacken im Gehölz nicht wahrzunehmen und sich weiter auf den Pfeil zu konzentrieren, den er gerade bearbeitet hat! Andererseits können starke Reize (z.B. große Objekte, Bewegungen, Signalfarben) dazu dienen, Aufmerksamkeit zu erregen. Dies kann man sich auch bei der Gestaltung von Ausbildung zunutze machen: Der dynamische Wechsel zwischen zwei Medien, z.B. Flipchart und einem Gerät, kann dazu dienen, die Aufmerksamkeit hoch zu halten. Eine Visualisierung kann für Zusammenhänge oder auch notwendige Fakten eine Bereicherung für die Ausbildung darstellen. Es ist selbstverständlich, dass insbesondere (audio-)visuelle Medien (Zeichnungen, Bilder, Karikaturen, Audio- und Filmsequenzen) thematisch zur Ausbildungssituation passen müssen.

Die Auswahl der Medien muss sich dabei an den gewählten Methoden orientieren: Es ergibt wenig Sinn, die Lernenden nach Beiträgen zu fragen und die (gewünschten) Antworten vorher auf eine Präsentationsfolie zu packen. Dies führt in der Regel nur dazu, dass Ausbildende die Beiträge durch Ignorieren und penetrantes Nachfragen in die gewünschte Richtung lenken müssen, damit sie in der zur vorbereiteten Folie passenden Reihenfolge kommen. Besser wäre es, die Beiträge direkt auf einem Flipchart festzuhalten. Die Präsentation von Gruppenergebnissen funktioniert am einfachsten auf einem Flipchartpapier. Auch eine Kombination von Flipchart und Moderationskarten ist möglich (Beispiele sind in den ABB. 7 UND 11 zu sehen).

Sollen die Lernenden über Sachverhalte nachdenken und in Form von Stichworten oder Phrasen visualisieren, so bieten sich eine Pinnwand und Moderationskarten an.

Eine für die Ausbildung von Einsatzkräften möglicherweise interessante Alternative: elektrostatische Haftnoti-

ABB. 5 ▶ Um Gedanken festzuhalten, eignen sich auch elektrostatische Haftnotizen

zen (ABB. 5). Sie haften an nahezu allen Oberflächen, sind bei der Verwendung von Whiteboardmarkern wiederverwendbar bzw. mit jedem handelsüblichen Permanentmarker beschriftbar (Übrigens: Nach Versuchen des Autors halten die Haftnotizen auch ca. eine Stunde an einer Rauputzwand, wenn sich selbstverständlich auch eine glatte Oberfläche besser eignet).

Auch der Einsatz von Schaubildern oder Modellen kann hilfreich sein. Eine besondere Bedeutung kommt in der Ausbildung von Einsatzkräften allerdings dem realen Objekt (sogenannten Realien) zu (dies wird auch in KAP. 4.2. noch einmal unterstrichen).

Aus Sicht des Autors lohnt es sich aber auf jeden Fall für jeden Ausbildenden, sich mit dem Umgang mit Flipcharts sowie der Pinnwand und üblichem Moderationsmaterial vertraut zu machen.

Auf den Einsatz von Medien und ihre Gestaltung soll hier nicht weiter detailliert eingegangen werden. Hinweise zum Medieneinsatz finden interessierte Leserinnen und Leser bei Höfs, Bräuer und Meyer (2014). Wer sich eingehender mit der Gestaltung und dem Einsatz von Medien beschäftigen will, der sei auf die Literaturliste verwiesen z.B. Sauer (2018), Langewand, Birkholz und Dobler (2016), Rachow und Sauer (2015), Enke und Kuhnke (2013), Reynolds (2012), Phillips (2011), Duarte (2009).

3.3 Strukturierung einer Ausbildungssequenz

Eine einfache Möglichkeit, Ausbildungssequenzen kompetenzorientiert zu strukturieren, stellt das AVIVA©-Modell (vgl. Städeli et al. 2013) für kompetenzorientierten Unterricht dar, das in der Schweizer Berufspädagogik entwickelt wurde und auf Ergebnissen der Lernpsychologie basiert (Städeli 2010). Das AVIVA©-Modell gliedert eine Ausbildungseinheit in fünf Phasen:

- **A** = Ankommen und einstimmen
- **V** = Vorwissen aktivieren
- **I** = Informieren
- **V** = Verarbeiten
- **A** = Auswerten.

Phase 1: Ankommen und einstimmen

Einem guten Unterrichtseinstieg wurde in der Unterrichtsplanung schon immer eine hohe Bedeutung beigemessen. Dabei geht es in erster Linie darum, den Lernenden eine Richtung zu zeigen, in die gegangen werden soll, aber auch darum, eine Atmosphäre zu schaffen, die Lernen erst ermöglicht. Dabei spielt insbesondere die emotionale Betroffenheit der Lernenden eine bedeutende Rolle (vgl. Roth 2011, Spitzer 2007), da Lernen die Bereitschaft voraussetzt, sich auf Neues einzulassen (vgl. Städeli 2010).

Nach Strauß, Breitkopf und Kalt (2019) beginnt jede Ausbildung im Allgemeinen mit dem „Einstieg". Dabei sollten zwei Begriffe unterschieden werden, die oft durcheinandergebracht werden.

- Die **Eröffnung:** Was sagt/macht der Ausbilder, nachdem er den Schulungsraum betreten hat/vor der Gruppe auf dem Übungshof steht?
- Der **Einstieg:** Was sagt/macht der Ausbilder, um ein (neues) Thema einzuführen?

Eine Eröffnung gibt es prinzipiell am Anfang jeder Ausbildung. Dazu gehören, neben der Begrüßung und ggf. der Vorstellung der eigenen Person, auch organisatorische Aktivitäten, wie z.B. die Anwesenheitskontrolle („Sind alle da?"). Die

Eröffnung hat aber auch didaktische Funktionen, wie zum Beispiel:

- (Selbst-)Vergewisserung: „Jetzt geht's los!“
- Schaffung einer (ruhigen) Atmosphäre.

Ein Einstieg dient dagegen der Einführung in ein (neues) Thema. Dabei kann es sich um ein Thema handeln, das nur in dieser einen Ausbildungseinheit behandelt wird, das Einstieg in ein längeres Vorhaben (z. B. ein Lehrgang) oder auch bei einem Themenwechsel ist, wenn in der Ausbildungseinheit mehrere Themen behandelt werden.

Kriterien für einen gelungenen Einstieg sind:

- Orientierung geben („Was kommt auf uns zu?“)
- Motivieren (Neugier wecken, Spannung erzeugen)
- Anknüpfen an das Vorwissen der Lernenden
- möglichst einen handelnden Umgang mit dem Thema ermöglichen.

Doch Vorsicht: Die Bedeutung des Einstiegs wird dabei häufig überschätzt, weil man ihm zu Unrecht eine Funktion zuschreibt, die er nicht erfüllen kann: durch eine Anfangsmotivation das Interesse der Lernenden dauerhaft aufrechtzuerhalten! Der Ausbilder muss jedoch über den gesamten Verlauf der Ausbildungseinheit hinweg sicherstellen, dass die Lernenden motiviert sind, z. B. mit Blick auf die Auswahl von Material und Medien sowie die Wahl der Arbeitsformen und die Auswertung.

Werden während des Einstiegs Inhalte von den Lernenden erarbeitet (z.B. bei einer Kartenabfrage), sollten diese im weiteren Verlauf, spätestens aber zum Ende der Ausbildungssequenz erneut aufgegriffen werden.

TABELLE 2 zeigt mögliche Methoden für Einstiege; mögliche Methoden für die weiteren AVIVA©-Phasen sind in TABELLE 3 zusammengestellt.

TAB. 2 ▶ Beispiele für Einstiege

Methode	Zweck	Wie?
stummer Impuls	Interesse wecken	Ein Bild, eine Karikatur, einen Cartoon, ein Schlagwort, ein Zitat (über Beamer oder an der Tafel/Flipchart) zeigen; Lernende Vermutungen anstellen lassen.
Hörspiel	Interesse wecken	Einen kurzen Audioclip einspielen.
Film	Interesse wecken	Eine kurze Filmsequenz zeigen.
Erzählung/ Fallbeispiel	Interesse wecken	Eine kurze Geschichte/ein Fallbeispiel vorlesen; dabei soll den Lernenden möglichst eine Problemstellung vorgestellt werden, die mit den folgenden Ausbildungsinhalten gelöst werden können; die Lernenden Vermutungen zu möglichen Lösungen anstellen lassen; Auflösung am Ende der Ausbildung ist sinnvoll (möglichst durch die Lernenden selbst).
Kartenabfrage	Vorkenntnisse aktivieren	Lernenden eine oder mehrere Fragen stellen und mögliche Antworten auf Stichwortkarten bringen; Auswertung im Verlauf der Ausbildung.
Rätsel	Vorkenntnisse aktivieren	Vorausgesetzte Inhalte werden in ein Rätsel (z. B. Kreuzworträtsel oder Suchsel) eingearbeitet; Lernende sollen das Rätsel lösen.
Begriffsimpulse	Denkanstöße	Den Lernenden Halbsätze präsentieren, die dann vervollständigt werden sollen. *Beispiele* *„Eine Führungskraft sollte …"* *„Ein Atemschutzgeräteträger muss …"* *„Im Löscheinsatz muss jeder …"* *„Ich erwarte von meiner Mannschaft …"* Die Antworten sammeln und weiterverarbeiten.
Provokation	Denkanstöße	Eine These in den Raum stellen, von der zu erwarten ist, dass sie Widerspruch erzeugt; auch hier z. B. in Form eines Zitates, eines Bildes oder einer kurzen Geschichte.

Phase 2: Vorwissen aktivieren

Lernen im Erwachsenenalter ist zum größten Teil ein „Anschlusslernen". Gelernt wird nicht, was „einem gesagt" wird, sondern was persönlich als relevant und bedeutsam erscheint und was in das eigene Weltbild passt, also zur bisherigen Lebenserfahrung (vgl. Bräuer, Höfs und Meyer 2013b). Neue Inhalte werden am einfachsten gelernt, wenn sie mit bekannten Fakten, Ereignissen, Erfahrungen oder Beobachtungen verknüpft werden können. Bei einer Konfrontation mit einer neuen Situation vergleicht das Gehirn diese mit früher erlebten Ereignissen. Dabei detektiert es Analogien ebenso wie Abweichungen. Dieser Abgleich zu vorhandenem Wissen ist entscheidend, um eine Lösung zu finden (vgl. Korte 2017, S. 220). Die Bedeutung des Vorwissens für den Lernerfolg muss daher als hoch eingeschätzt werden. Ausbilder tun gut daran, die Lernenden dort „abzuholen", wo sie momentan stehen. Neue Inhalte müssen mit bereits Bekanntem verknüpft werden; konkrete Beispiele sind an den Anfang des Lernprozesses zu stellen. Es sollten Fallbeispiele gewählt werden, die bei den Lernenden Betroffenheit erzeugen. Des Weiteren ist induktiv vorzugehen, das heißt, aus einzelnen Beispielen sollen von den Lernenden Gesetzmäßigkeiten erschlossen werden (vgl. Bräuer, Höfs und Meyer 2013b).

Phase 3: Informieren

In dieser Phase erhalten die Lernenden die Möglichkeit, sich mit dem Neuen zu beschäftigen. Auch wenn an dieser Stelle des AVIVA©-Schemas ein kurzer Input durch die Ausbildungskraft in Form eines Lehrvortrags durchaus möglich und passend sein kann, sollte bei der Methodenwahl immer darauf geachtet werden, dass Wissen etwas Selbsterarbeitetes ist und dass dieses deutlich von reiner Informa-

ABB. 6 ▶ Auch in der Informationsphase sollte auf teilnehmeraktivierende Methoden geachtet werden.

tion unterschieden werden muss (s. KAP. 4.1.1) – worauf auch die Psychologie und die Erziehungswissenschaften bereits seit langer Zeit hinweisen (vgl. Korte 2017, S. 252). Durch die Auswahl geeigneter Methoden in der Phase „Informieren" kann die Eigenaktivität der Lernenden und damit die Wissensaneignung besonders gefördert werden.

Phase 4: Verarbeiten

Damit sich das Neue festigen kann, benötigt es die Gelegenheit zur

- Anwendung,
- zur Vertiefung
- und zur Übung (vgl. Städeli 2010).

Das Gehirn belohnt die Anstrengung mit tieferer Erkenntnis und mit einer erhöhten Langlebigkeit der neuen Informationen im Speicher. Dies belegt eine Vielzahl von aussagekräftigen psychologischen Lernexperimenten. Demnach wird am besten gelernt, wenn die Lernenden aktiv als Handelnde am Lernprozess beteiligt sind (vgl. Korte 2017, S. 257). Für die Methodenwahl bedeutet das wiederum, dass der Ausbilder den Lernenden möglichst problembezogene Aufgabenstellungen vorlegen sollte, die sich mit den Inhalten aus der Phase „Informieren“ bearbeiten lassen.

Phase 5: Auswerten

Die letzte Phase des Modells dient als Ergebnissicherung (vgl. Städeli 2010). Die Ausbildungskraft und die Lernenden verschaffen sich gemeinsam einen Überblick über das, was gelernt wurde, wo ggf. noch Lücken bestehen und welche Lernbedarfe sich unter Umständen noch ergeben werden. Hierbei wird auch die Prozesshaftigkeit des Lernens betont: Das Lernen ist nicht am Ende einer Ausbildungseinheit abgeschlossen, sondern muss danach in der Regel weitergeführt werden. Das bedeutet auch für den Katastrophen- und Bevölkerungsschutz, dass sich in regelmäßigen Abständen Trainingsphasen anschließen müssen, da das neu Gelernte ansonsten schnell wieder vergessen wird.

Beispiele für Ausbildungsmethoden in den einzelnen AVIVA©-Phasen

Tabelle 3 kann entnommen werden, welche Methoden in der entsprechenden AVIVA©-Phase geeignet sind. Die in der Tabelle genannten Methoden werden im Folgenden erläutert.

Wie die Tabelle 3 verdeutlicht, lebt eine kompetenzorientierte Ausbildung vom Wechsel der Methoden. Der Ausbilder muss sich in seiner Ausbildungsplanung nicht für

Tab. 3 ▶ Beispiele für Methoden in einzelnen AVIVA©-Phasen

AVIVA©-Phase	Beispielhafte Inhalte	Mögliche Methode(n)
Ankommen und einstimmen	Die Situation bzw. das Problem wird vorgestellt; Lernziele und der Ablauf werden vorgestellt.	Kurzvortrag mit anschließender Murmelrunde
Vorwissen aktivieren	Die Lernenden aktivieren ihr Vorwissen.	Think-Pair-Share, Zurufliste, Vorher-Fragen
Informieren	Inhalte werden gemeinsam mit den Lernenden entwickelt und erweitert.	Kurzvortrag mit anschließender Murmelrunde, Lerntext, Think-Pair-Share, Snowballing
Verarbeiten	aktiver Umgang der Lernenden mit den Inhalten	Arbeitsaufträge aus Lerntext, Think-Pair-Share, Snowballing
Auswerten	Die Ziele, das Vorgehen und der Lernerfolg werden überprüft.	Zurufliste, Präsentation, Gallery Walk, Snowballing

eine Methode entscheiden, sondern muss abhängig von der Phase ermitteln, welche Methode am besten passt. Dabei gehört auch dazu, zu entscheiden, welche Methode zu welcher Situation, zum Inhalt und zu welcher Lerngruppe passt.

Es wird ebenfalls deutlich, dass der Lehrvortrag durchaus seine Berechtigung hat, sich aber regelmäßig mit anderen Ausbildungsmethoden abwechseln sollte. Auf den Mix der Methoden kommt es an.

Die Einteilung in die AVIVA©-Phasen hilft auch, ein überzogenes „Methodenfeuerwerk“ zu vermeiden. Manche Methoden (zum Beispiel Think-Pair-Share s.u.) lassen sich auch über mehrere Phasen hinweg (etwa „Informieren“ und „Verarbeiten“) einsetzen und bilden somit einen größeren Rahmen für eine Ausbildungssequenz.

Außerdem zeigt sich, dass die Informationsphase, also das Anbieten des in einer Ausbildungssequenz wirklich neuen Inhalts, nur einen kleinen Teil der Zeit ausmachen kann. Diese Erkenntnis hilft der Ausbildungskraft, sich auf das Wesentliche zu beschränken.

Murmelrunde

Der Ausbilder stellt bei der Murmelrunde eine These oder eine Leitfrage an das Plenum bzw. stellt eine Situation, ein Fallbeispiel oder ein Problem vor. Die These bzw. Frage wird in Zweierteams unter den direkten Nachbarn kurz diskutiert. Durch die Aufforderung dazu werden die Lernenden aktiviert und ihre Einstellung wird offener sowie kommunikationsbereiter. Die Bereitschaft steigt, sich an einer offenen Diskussion zu beteiligen oder Fragen zu beantworten. Die Murmelrunde kann einer Vielzahl von Methoden vorangestellt oder zwischengeschaltet werden.

Think-Pair-Share

Die Think-Pair-Share-Methode läuft in drei Phasen ab:

- Think: Die Lernenden sollen im Stillen über bestimmte Fragen nachdenken.
- Pair: Die Lernenden diskutieren paarweise über ihre Antworten (s. MURMELRUNDE),
- Share: Die Lernenden tauschen sich in Gruppen miteinander aus. Dabei können beispielsweise die bereits bestehenden Paare jeweils zu viert eine Gruppe bilden. Dies funktioniert auch mit drei Paaren (sechs Gruppenmitglieder) oder mit zufällig zusammengewürfelten Gruppen.

Die Think-Pair-Share-Methode knüpft durch die stille Beschäftigung des Lernenden direkt an dessen Vorwissen an. Wird den Lernenden Material (z.B. in Form von Lerntexten, s.u.) zur Verfügung gestellt, empfiehlt es sich sogar, die Lernenden zu bitten, zunächst einige Minuten – ohne den Text zu lesen – über die Frage nachzudenken. Viele Lernende zeigen sich dann in den Folgephasen überrascht, wie viel Vorwissen sie zur Lösung der Aufgabe eigentlich schon hatten. Durch die paarweise Zusammenarbeit in der Pair-Phase werden die Vorteile der Murmelrunde genutzt und erfahrungsgemäß auch bei eher „stillen" Lernenden eine erhöhte Kommunikationsbereitschaft für die folgende Share-Phase erreicht. Durch den Dreischritt werden die Aspekte nicht nur wiederholt, sondern auch aus verschiedenen Perspektiven beleuchtet, was für den Lernenden zusätzliche Denkanstöße bietet.

Zurufliste

Die Lernenden antworten per Zuruf auf eine Fragestellung. Alle Ideen und Antworten werden an einer Tafel oder auf einem Flipchart notiert. Anschließend können die Zurufe weiterverarbeitet werden. Die Zurufliste-Methode funktioniert ebenfalls zur Ergebnissicherung in der AVIVA©-Phase „Auswerten".

Die Zurufliste-Methode hat den Vorteil, dass sie im Allgemeinen ohne große Vorbereitung auskommt und somit auch spontan im Lehr-Lernprozess eingesetzt werden kann. Es empfiehlt sich, auch beim Einsatz der Zurufliste eine kurze stille Phase (oft reichen schon 1–2 Minuten) zur Gedankensammlung einzubauen. Das erhöht erfahrungsgemäß die Zahl der Antworten enorm. Auch hier ist wieder eine Kombination mit einer Murmelrunde möglich.

Wichtig bei der Zurufliste: Im weiteren Lernprozess sollte mit den gesammelten Stichpunkten unbedingt weitergearbeitet werden, damit beim Lernenden nicht der Eindruck entsteht, die eigenen Gedanken wären „in der Versenkung" verschwunden.

Vorher-Fragen

Die Ausbildungskraft teilt Papierbögen mit Fragen aus, die nach der jeweiligen Lerneinheit beantwortet werden sollen. Die Lernenden können diese zunächst für sich allein beantworten und sich anschließend in einer Murmelrunde austauschen. Auch eine Kombination mit der Think-Pair-Share-Methode ist möglich. Die Fragen lenken die Aufmerksamkeit auf die Lerninhalte und öffnen die Lernenden mental für Neues; zugleich knüpfen die Fragen an das Vorhandene an. Die Vorher-Fragen-Methode kann problemlos beispielsweise auch zur Einleitung einer praktischen Sequenz in der Fahrzeughalle verwendet werden.

Lerntexte

Das eigentlich Neue (der Input) wird durch einen kurzen Text zur Verfügung gestellt. Anhand von vorbereiteten Fragestellungen können sich die Lernenden intensiv mit den neuen Inhalten befassen. Diese können dann in der anschließenden AVIVA©-Phase „Verarbeiten" weiter vertieft werden, zum Beispiel in Kombination mit der Methode „Think-Pair-Share". Oft sind traditionelle Präsentationsfolien sehr „textlastig" gestaltet und als Visualisierung eines Vortrags wenig geeignet (vgl. Höfs, Bräuer und Meyer 2014). Diese „alten", „textlastigen" Unterrichtsfolien können notfalls einfach als Lerntexte verwendet werden. Dies ist zwar nicht gänzlich optimal, spart dem Ausbilder aber die mühsame Recherche nach einem Lerntext oder den Aufwand, diesen selbst zu erstellen. Es genügt dann meist, sich einige Fragestellungen zum Text zu überlegen.

Snowballing

Eine Problemstellung oder unterschiedliche Lerntexte werden ausgeteilt und in Zweiergruppen bearbeitet. Anschließend werden die Zweiergruppen zu einer Vierergruppe zusammengefügt und ein gegenseitiger Austausch ermöglicht. Danach werden die Ergebnisse im Plenum präsentiert oder es findet ein interaktiver Dialog (s.o. ZURUFLISTE) mit der Ausbildungskraft statt. Die Snowballing-Methode kann wieder mit verschiedenen anderen hier beschriebenen Methoden kombiniert werden. Vorteil ist die hohe Teilnehmeraktivität und der Austausch zwischen den Gruppen, der die zeitgleiche Bearbeitung unterschiedlicher Themen erlaubt.

Präsentation

Die einfachste Form der Ergebnissicherung besteht darin, die Lernenden in der AVIVA©-Phase „Verarbeiten" ihre Ergebnisse visualisieren zu lassen, damit sie diese anschließend dem Plenum vorstellen können. Die Arbeitsaufträge zur Präsentation können in allen Gruppen gleich oder unterschiedlich sein. Das Visualisieren von Lernergebnissen durch die Lernenden dient neben der Begleitung der Präsentation gleichzeitig zur Ergebnissicherung und für die Ausbildenden als Kontrollmöglichkeit. Wenn Ausbildende aufmerksam die Erarbeitung innerhalb der einzelnen Gruppen verfolgen, können fehlerhafte Visualisierungen oder feh-

ABB. 7 ▶ Von Lernenden visualisierte Lernergebnisse nach einer Gruppenarbeit

lende Inhalte noch vor der Präsentation vor der gesamten Gruppe verbessert bzw. ergänzt werden. Übrigens: Nach den Erfahrungen des Autors sind falsche bzw. fehlende Inhalte bei Präsentationen der Lernenden seltener als man gemeinhin annimmt!

Gallery Walk

Der Gallery Walk ist eine andere Form der Gruppenpräsentation. Die Lernenden bereiten in ihren Gruppen die Visualisierung ihrer Ergebnisse vor. Diese werden anschließend in verschiedenen Ecken des Raumes oder in verschiedenen Räumen aufgestellt. Die Gruppen werden nun neu zusammengestellt. Dabei ist darauf zu achten, dass in jeder Gruppe ein Experte aus jeder der ursprünglichen Gruppen ist. Dann gehen die Lernenden gemeinsam die Galerie ab und jeweils ein Lernender aus der ursprünglichen Gruppe – der Experte – erläutert den anderen Lernenden die Ergebnisse. Der Gallery Walk lockert einen Lernprozess insofern auf, als er den „üblichen" Ablauf der Gruppenpräsentation (eine Gruppe nach der anderen trägt ihre Ergebnisse vor) durchbricht. Durch die Bewegung im Raum sind die Lernenden auch körperlich aktiv (man könnte das auch als „Aktive Pause" bezeichnen, ohne dass Pausen mit „Bewegungsspielen" aufgelockert werden müssen; es handelt sich um echte „Lernzeit"). Gleichzeitig kommt in den gemischten Gruppen ein intensiverer Austausch über die Inhalte zustande, als das bei reinen Gruppenpräsentationen möglich ist.

Die Praxis zeigt, dass das AVIVA©-Modell ein leicht anzuwendendes und in vielen Ausbildungssituationen umsetzbares Planungsschema für Ausbildungseinheiten darstellt. Selbst eine 45-Minuten-Einheit ist nach dem AVIVA©-Schema plan- und durchführbar. Allein die Einteilung einer Ausbildungseinheit in die genannten Phasen unterstützt die

Ausbildungskraft bei der Methodenauswahl, macht eine Ausbildung mit hoher Teilnehmeraktivität möglich und hilft, frontale Phasen auf das Notwendige zu reduzieren. Wichtig dabei: Das AVIVA©-Schema soll eine Hilfestellung zur Strukturierung geben und dient nicht dazu, den Ausbildenden in ein theoretisches Korsett zu zwängen. Die Phasen können fließend ineinander übergehen. Methoden können zwischen den Phasen wechseln, sich aber auch über mehrere Phasen hinweg erstrecken (s. o. zum Beispiel die Hinweise zur Think-Pair-Share-Methode).

4 Einfache Thesen für eine gute Ausbildung

Was gute Ausbildung (guten Unterricht) ausmacht, ist Gegenstand und Streitpunkt der Unterrichtsforschung. Dazu gibt es umfassende wissenschaftliche Literatur, auf die an dieser Stelle nur verwiesen werden kann (z.B. Meyer 2010). Diese Literatur richtet sich in der Regel an speziell ausgebildete Lehrende bzw. hauptberuflich Lehrende, zu deren Professionalität eine zielgerichtete Unterrichtsreflexion gehört. In den Einsatzorganisationen des Bevölkerungsschutzes wird die Ausbildung jedoch größtenteils ehrenamtlich, von pädagogisch nicht speziell ausgebildeten, in der Regel didaktisch-methodisch geschulten Einsatzkräften durchgeführt.

Die nachfolgenden Thesen sollen Anregung und leicht überprüfbare, praktische Bausteine sein, mit denen jeder Ausbilder und jede Ausbildende sein/ihr Tun hinterfragen kann. „Gut" im Sinne dieser Thesen ist Ausbildung dann, wenn gezielter Kompetenzerwerb ermöglicht wird. Dies schließt nicht aus, dass dies auch auf anderem Wege erreicht werden kann.

4.1 Halte den Mund – so oft es geht

Dies ist wohl für viele Ausbilder die provokanteste, aus Sicht des Autors aber die wichtigste, weil auch die am leichtesten zu überprüfende und zu beobachtende These.

4.1.1 Auch Wissen muss ich mir aneignen

Ausbilder verspüren den natürlichen Drang, ihr Wissen und ihre Erfahrungen mündlich weiterzugeben. Die Übertragung von Wissen und Erfahrung (Kompetenz) ist nach Erkenntnissen der modernen Hirn- und Lernforschung (vgl. u.a. Spitzer 2007, Roth 2011, Korte 2017, Arnold 2017) jedoch nicht möglich! Auch das für den Kompetenzerwerb notwendige Wissen muss sich der Lernende selbst aneignen, Erfahrungen müssen gemacht werden. Lernpsychologie und Lernforschung weisen, wie oben erwähnt, schon lange darauf hin, dass Wissen streng von reiner Information zu trennen ist (vgl. Korte 2017, S. 252). Wissen ist etwas hochgradig Individuelles, das im Gehirn des Lernenden entsteht, wenn neue Informationen mit Bekanntem verknüpft, die Informationsbausteine in das bestehende Wissensnetz eingebaut werden. Das lässt sich mit einem Blick auf die Neurobiologie leicht einsehen:

Die nachfolgende Erklärung des Gedächtnisses ist in ihrer Grundstruktur dem Erklär-Video „So funktioniert Lernen wirklich!" angelehnt (https://youtu.be/FlclTPe-Lyqc abgerufen am 9. November 2021). Die einfache und anschauliche Art der Erklärung ist für das Verständnis der Funktionsweise des Gehirns und den daraus folgenden Konsequenzen für die Ausbildung vollkommen ausreichend. Wer sich genauer mit dem Thema Gedächtnis und der Neurobiologie des Gehirns beschäftigen möchte sei, auf die Literatur verwiesen (Korte 2017, LeFrancois 2015, Roth 2011, Solso 2010, Spitzer 2007, Singer 2002).

Vereinfacht kann man sich unser Gedächtnis aus drei verschiedenen Systemen zusammengesetzt vorstellen:

- das Ultrakurzzeitgedächtnis,
- das Kurzzeit- oder Arbeitsgedächtnis und
- das Langzeitgedächtnis.

Das Ultrakurzzeitgedächtnis ist eine Art Filter. Es filtert die vielen, gleichzeitig auf uns einströmenden Sinnesreize. Dabei wendet das Gehirn blitzschnell zwei Mechanismen auf die Information an, die in erster Linie auf bereits vorhandenen Erfahrungen beruhen: Neuigkeit und Bedeutsamkeit. Wichtig dabei ist: Bedeutsam wird ein Inhalt für den Lernenden nicht, weil der Ausbilder darauf hinweist! Bedeutsamkeit erlangt eine Information immer nur dann, wenn sie zur Lösung eines aktuell vorhandenen Problems oder eines (nach den Erfahrungen des Lernenden) zu erwartenden Problems dient! Das Ultrakurzzeitgedächtnis speichert Informationen nur wenige Sekunden in Form elektrischer Impulse. Danach filtert es die Informationen, die es nicht braucht oder schickt sie weiter zum Kurzzeitgedächtnis.

Der Filter kann durch bewusste Steuerung der Aufmerksamkeit ein Stück weit beeinflusst werden: Konzentration auf eine Sache hilft, den Filter zu fokussieren. Außerdem werden extreme Sinnesreize (Signalfarben, Bewegungen, große Objekte) vom Gehirn sehr viel stärker wahrgenommen. Das birgt einerseits Ablenkungspotenzial, hilft aber auch, z.B. bei der Gestaltung von Visualisierungen.

Jetzt ist die Information im Kurzzeitgedächtnis in Form einer Eiweißmatrix angekommen – hier können wir Informationen in Form von Sprache in der Regel bewusst wahrnehmen. Das Kurzzeitgedächtnis kann Informationen ca. zwischen 15 und 20 Minuten speichern, weil dann die Eiweißmatrix wieder zerfällt. Man kann sich das Kurzzeitgedächtnis also vereinfacht als einen Speicher mit einer Kapazität von etwa 20 Minuten vorstellen. Werden diese 20 Minuten überschritten, dann müssen die Informationen vom Anfang wieder gelöscht werden, um neuen Platz zu schaffen. Deshalb ist es auch verständlich, warum man Input-Phasen (Anbieten von Informationen) unbedingt zeitlich begrenzen sollte. Wird die Kapazität des Kurzzeitgedächtnisses überschritten, so werden die zuerst gespeicherten Informationen quasi gelöscht und gelangen nicht ins Langzeitgedächtnis.

Um zu verstehen, wie die Informationen ins Langzeitgedächtnis kommen, muss man sich kurz mit dem Aufbau des Gehirns beschäftigen. Das Gehirn besteht aus Milliarden von Nervenzellen, den sogenannten Neuronen. Diese sind durch Nervenbahnen verbunden. Die Nervenbahnen, die an einem Neuron ankommen, heißen Dendriten, die, die von dort weggehen, heißen Axone. Die Verbindungsstellen der Axone und der Dendriten eines neuen Neurons heißen Synapsen.

Wenn das Gehirn Informationen verarbeitet, werden elektrische Signale über die Dendriten zum Körper des Neurons weitergeleitet. Von dort flitzen die gesammelten Signale über die Axone und die Synapsen weiter zu den Dendriten des nächsten Neurons. Da jedes Neuron wiederum mit hunderten Millionen anderen Neuronen über Synapsen verbunden ist, geht diese elektrische Erregung weiter, bis sich irgendwann ein sogenanntes neuronales Netzwerk ausbildet. Ein solches Netzwerk kann man sich vorstellen wie eine riesige Landkarte.

Kommen nun neue Informationen in diesem Netzwerk an, bedeutet das eigentlich, dass neue Reize gesetzt werden. Werden diese Reize wiederholt, dann werden die Nervenbahnen um die Axone herum dicker und es bilden sich neue Synapsen. Deswegen ist Lernen auch anstrengend, da sich das Gehirn dabei verändert. Bleibt man bei der Vorstellung einer Landkarte, so hat man am Anfang eine sehr grobe Übersichtskarte. Je mehr sich das neuronale Netz ausbildet, desto detailreicher wird sie.

4.1.2 Aktiver Erwerb von Kompetenz und Konsequenzen für die Ausbildung

Um den eben beschriebenen Aneignungsvorgang zu ermöglichen, muss Ausbildung also immer so geplant werden, dass die Lernenden Gelegenheit bekommen, die Informationsbausteine aus verschiedenen Blickwinkeln zu betrachten und in möglichst konkreten Situationen zum Lösen eines Problems anzuwenden. Dies macht von Vornherein deutlich, wie wichtig Methodenwechsel und Eigenaktivitäten der Lernenden sind.

Ausbilder sollten deshalb bereits bei der Auswahl ihrer Methoden darauf achten, möglichst wenig reden zu müssen. Das bewahrt den Ausbilder ganz einfach davor, die Input-Phasen zu lang und die Eigenaktivität der Lernenden zu gering zu gestalten. Darüber hinaus ist der Redeanteil eines Ausbilders relativ einfach zu beobachten und auch messbar.

4.2 Zeige den Teilnehmern nicht das Bild eines Apfels, wenn du den Apfel zeigen kannst

Die These drückt in etwa aus, was in der Ausbildung im Bevölkerungsschutz eigentlich selbstverständlich sein sollte: Wann immer es möglich ist, sollten Geräte und Material in die Hand genommen und bedient, angewandt und benutzt werden. Nur so kann eine umfassende Handlungssicherheit erreicht werden. Und das möglichst von Anfang an! Warum in der Grundausbildung von Einsatzkräften noch immer Stunden über Stunden im Schulungsraum verbracht werden und im schlimmsten Fall nur Bilder von Einsatzgerätschaften und Material gezeigt werden, erschließt sich dem Autor nicht. Einen Überblick kann man auch direkt am Einsatzfahrzeug mit den Geräten und dem Material in der Hand gewinnen.

4.3 Raus aus dem Schulungsraum

Gelernt wird am besten da, wo die Einsätze stattfinden.

4.3.1 Situatives Lernen

Wir lernen immer situativ, das heißt, neben dem eigentlichen „Was" (dem Inhalt, der Handlung) lernen wir auch immer – in gewissem Maße – das „Wo" (den Ort, die Umgebung) und das „Wie" (d.h. die Umstände, insbesondere das „Wie habe ich mich dabei gefühlt?").

Das hat teilweise paradoxe Züge: Hat man z.B. beim Lernen in einer Situation Angst, so werden diese Gefühle zusammen mit dem Lerninhalt abgespeichert und beim Abruf der entsprechenden Information kommt man wieder in den gleichen Gefühlszustand. Es ist also umso wichtiger,

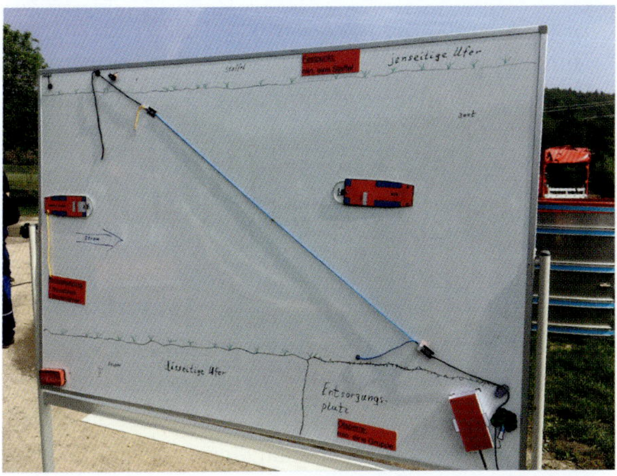

Abb. 8 ▶ Visualisierungen können auch „im Feld" erfolgen und sind nicht an den Schulungsraum gebunden (Visualisierung auf der Tafel von Rainer Klühspies)

dass Ausbildung grundsätzlich angstfrei stattfindet und sich die Stressbelastung – vor allem für Anfänger – in Grenzen hält. Die Bedeutung einer positiven Lernatmosphäre in einer angenehmen Umgebung darf demnach nicht unterschätzt werden!

4.3.2 Konsequenzen für die Ausbildung

Ausbildung sollte deshalb möglichst oft dort stattfinden, wo auch die Einsätze stattfinden: auf der Straße, im Gelände, an realen Objekten oder in speziell dafür eingerichteten – der Realität nachempfundenen – Übungseinrichtungen. Auch die virtuelle Realität bietet dafür heute bereits vielfältige Möglichkeiten. Ist das praktisch nicht möglich, so sollten die Lernenden wenigstens gedanklich in eine konkrete Situation eintauchen können (s. Kap. 4.4).

Dabei kommt auch der Darstellung von Übungssituationen eine hohe Bedeutung zu: Je realistischer die Darstellung ist, umso mehr und umso besser werden die Lernenden in die Situation versetzt. Gegebenenfalls müssen dazu Darstellungsmittel wie Nebelgeräte, Blitzleuchten oder Übungspuppen beschafft oder Verletztendarsteller mit realistisch dargestellten Verletzungen eingesetzt werden. Eine Investition, die sich jedoch lohnt!

Im Übrigen ist realistische Übungsdarstellung im Bevölkerungsschutz nichts Neues, es beschränkt sich jedoch aus Sicht des Autors immer noch viel zu sehr auf klassische „Einsatzübungen“, die in mehr oder weniger großen Abständen durchgeführten werden. Übungen können aber als Lernsituationen durchaus zur selbstständigen und praxisnahen Erarbeitung von Lerninhalten eingesetzt werden, wie in Kapitel 4.4 näher erläutert wird.

Beispiel: Erarbeitung des grundsätzlichen Einsatzablaufes einer Gruppe

Der grundsätzliche Einsatzablauf einer Gruppe der Feuerwehr ist in der Feuerwehr-Dienstvorschrift 3 „Einheiten im Einsatz“ (FwDV 3) festgelegt. Dieser wird oft in einer Ausbildungseinheit im Schulungsraum anhand einer Präsentation erläutert. Denkbar wäre aber auch, diesen grundsätzlichen Einsatzablauf an einem realen Objekt zusammen mit den Teilnehmern zu erarbeiten. Die Ausbildung erfolgt im Rahmen einer Gruppe. Die Ausbildungseinheit wird nach AVIVA©-Modell strukturiert:

A – Ankommen und einstimmen

Den Lernenden wird dazu eine möglichst reale Einsatzsituation geschildert oder dargestellt, z. B. der Brand einer frei stehenden Maschinenhalle oder einer Scheune. Die Wasserentnahme erfolgt aus einem Hydranten. Die Übung findet möglichst am realen Objekt statt. Aufgabe der Gruppe wird es sein, einen Löschangriff mit drei C-Strahlrohren vorzunehmen.

V – Vorwissen aktivieren

Die Lernenden wurden durch den Ausbilder bereits im Vorfeld gebeten, als „Hausaufgabe“ die FwDV 3 zu lesen. Die Lernenden bekommen nun die Aufgabe, in zwei Kleingruppen über den möglichen Einsatzverlauf zu sprechen und dabei folgende Fragen zu beantworten:

- *Welche Aufgaben sind zu erledigen?*
- *Wie werden die Aufgaben in der Gruppe aufgeteilt?*
- *Welche Geräte sind dafür notwendig?*

I – Informieren

Die Lernenden erhalten nun die Möglichkeit, ihre Überlegungen mit der anderen Gruppe unter Moderation des Ausbilders zu teilen. Dabei steht ihnen die FwDV 3 zum Nachschlagen und als weitere Informationsquelle der Ausbilder zur Verfügung.

V – Verarbeiten

Die Lernenden sollen nun den grundsätzlichen Einsatzablauf an einem Flipchart skizzieren oder an einer Magnetwand erläutern. Dazu wird die Gruppe in die entsprechenden Funktionen nach FwDV 3 eingeteilt; die Lernenden werden entsprechend gekennzeichnet. Sie erhalten nun Zeit, sich auf die Kurzpräsentation vorzubereiten. Der Ausbilder gibt nun zum Start einen passenden Befehl nach FwDV 3. Jeder Trupp und der Melder erläutern der Gruppe nun kurz, welche Aufgabe er hat und welche Geräte dafür notwendig sind.

A – Auswerten

Die Gruppe tritt hinter dem Fahrzeug an. Der Ausbilder gibt nun erneut den Einsatzbefehl. Die Gruppe erhält jetzt Gelegenheit, den Aufbau durchzuführen. Der Ausbilder achtet dabei auf die Sicherheit der durchgeführten Maßnahmen, greift aber nur bei Gefahren für die Auszubildenden ein. Anhand des tatsächlichen Ablaufs der Übung kann der Lernerfolg überprüft werden.

Weitere Anregungen für die realistische Gestaltung von Übungssituationen finden sich zum Beispiel bei Höfs und Vollbrecht (2011).

4.4 Erfinde Lernsituationen

Unser Gehirn speichert Inhalte (Wissen, Fähigkeiten, Fertigkeiten) in erster Linie in Verbindung mit bereits vorhandenen Inhalten und in konkreten Situationen, in denen diese Inhalte notwendig sind, um ein Problem zu lösen. Der Erwerb von Handlungskompetenz ist deshalb nur in Lernsituationen möglich, die einer realen Handlungssituation (bei Einsatzkräften i.d.R. der reale Einsatz) nachempfunden sind. Das Erfinden einer Lernsituation ist der zentrale Punkt einer handlungsorientierten Ausbildung und ist als kreativer Akt nur von einem Ausbilder zu leisten, der über genügend Fachkompetenz und Erfahrung verfügt, reale Einsatzsituationen in eine Lernsituation zu übertragen, die einfach genug, aber doch so komplex ist, die gesteckten Lernziele zu erreichen. Ein Beispiel folgt in Kapitel 4.4.2 und wird in Kapitel 5 in einen konkreten Unterrichtskontext eingebettet.

4.4.1 Tun, was ich noch nicht kann

Bauer et al. (2010) sprechen in diesem Zusammenhang vom „Pädagogischen Paradox“: „Man lernt Handlungen dadurch, dass man tut, was man erst lernen will. Man lehrt Handlungen dadurch, dass man die Lernenden in Situationen bringt, die zu bewältigen sie lernen sollen“ (S. 32). Sie bringen dann selbst ein wunderbares Beispiel an:

> *Jedem Kind, das Fahrrad fahren lernen will, bleibt nur eine Möglichkeit: auf das Rad setzen und losfahren. Zwar können die Eltern Hilfestellung geben, letztendlich bleibt Eltern nur die Rolle der Begleiter, die nach einem der zahlreichen Stürze Trost spenden.*

Abb. 9 ▶ Fahrrad fahren kann man nur selbst lernen, die Eltern können hier auch nur als Lernbegleiter tätig werden

4.4.2 Wissenserwerb ohne Problem?

Lernsituation – das altbekannte Fallbeispiel? Viel zu oft folgt Ausbildung im Bevölkerungsschutz auch heute noch der klassischen Dramaturgie: am Anfang steht der Paragraf, die Vorschrift, die Bedienungsanleitung, die übliche Vorgehensweise. Wenn die Lernenden Glück haben, bietet der Ausbilder irgendwann noch ein Beispiel an – und das war es.

Ein Stück weit besser wird es, wenn zu den Inhalten entsprechende Fallbeispiele mit den Lernenden besprochen oder im Sinne der Aktivierung selbst bearbeitet werden. Fallbeispiele bleiben allerdings auch sehr oft für die Lernenden abstrakt, weil sie sich außerhalb des Erfahrungshorizontes abspielen und manchmal auch einfach konstruiert wirken.

Lernsituationen sind dagegen konkrete Handlungssituationen, wie sie auch im Alltag einer Einsatzkraft auftreten können. Lernsituationen dürfen dabei auch komplex sein

ABB. 10 ▶ Von Lernenden eines Grundlehrgangs der Feuerwehr selbst erarbeiteter Ablauf eines Löschangriffs nach FwDV 3 an einem Modell

und sollten sich am besten über mehrere Ausbildungseinheiten erstrecken. So können an der gleichen Lernsituation viele verschiedene Inhalte erarbeitet werden.

Beispiel aus der Feuerwehr-Grundausbildung:

In der Grundausbildung einer Einsatzkraft der Feuerwehr müssen viele verschiedene Inhalte, die letztlich auf die Durchführung einer Brandbekämpfung hinauslaufen, mit den Lernenden erarbeitet werden. Dabei begegnen einem so vielfältige Inhalte wie Rechtsgrundlagen, Brennen und Löschen, Löschgeräte, Schläuche, Armaturen bis hin zur Feuerwehr-Dienstvorschrift FwDV 3 „Einheiten im Einsatz". Diese Inhalte werden meistens thematisch getrennt in unterschiedlichen Ausbildungseinheiten von verschiedenen Ausbildern behandelt. Die Einbettung der o.g. Themen in eine Lernsituation könnte folgendermaßen aussehen:

Als Lernsituation dient der Brand einer Gartenlaube in einer Schrebergartensiedlung. Die Wasserentnahme muss über einen vorhandenen Löschwasserbehälter erfolgen, die Zufahrt ist nur bis zum Eingang der Schrebergartensiedlung möglich und somit der Aufbau einer ca. 100 m langen Zubringer- und Angriffsleitung notwendig (Anmerkung: Die Lernsituation kann und muss u. U. nach den örtlichen Gegebenheiten variiert werden, z. B. die vorhandene Wasserentnahmestelle).

In dieser Lernsituation, die wir in KAPITEL 5 *wieder aufgreifen werden, können nun die verschiedenen Themen, auch in getrennten Ausbildungseinheiten, behandelt werden.*

Fragestellungen für die Lernenden aus den verschiedenen Themen könnten beispielsweise sein:

- *Rechtsgrundlagen:*
  - *Bei der Verlegung der Schlauchleitung müssen Sie die angrenzenden Grundstücke betreten, dürfen Sie das?*
  - *Bei der Vornahme des Löschangriffs ist Ihnen ein Blumenbeet im Weg. Dürfen Sie das Beet betreten, auch wenn dabei die Blumen beschädigt werden?*
- *Brennen und Löschen:*
  - *Der Gruppenführer hat sich für das Löschmittel Wasser entschieden, warum?*
  - *Was müssen Sie bei der Anwendung des Löschmittels Wasser beachten?*
- *Armaturen und Schläuche:*
  - *Welche Geräte werden benötigt, um das Löschwasser von der Entnahmestelle bis zum Brandobjekt zu befördern?*
  - *Womit und wie verlegen Sie die Schlauchleitung zwischen Fahrzeug und Verteiler?*
- *FwDV 3 „Einheiten im Einsatz“:*
  - *Wie ist eine Gruppe der Feuerwehr eingeteilt?*
  - *Welche Aufgaben haben die Trupps der Gruppe?*

4.5 Behandle die Lernenden als Gleichgestellte

Erwachsene sind lernfähig, aber unbelehrbar! (vgl. Siebert 2012)

Ausbilder müssen sich in die Rolle eines Lernbegleiters begeben, Gutes loben und Fehler behutsam korrigieren. Fehler sind Lernchancen und dürfen nicht dazu führen, Lernende „runterzumachen". In den Einsatzorganisationen finden sich viele Menschen aus unterschiedlichen beruflichen Bereichen zusammen; in einer Lerngruppe ist deshalb mit hoher Wahrscheinlichkeit sehr viel Erfahrung vorhanden, die es zu nutzen gilt.

4.5.1 Vom Lernen Erwachsener

Weiter vorn im Buch wurde bereits die Bedeutung von Filtern angesprochen. Besonders bei Erwachsenen, die bereits über sehr viel (Lebens-)Erfahrung verfügen, ist der Neuigkeits- und Bedeutsamkeitsfilter stark vom vorhandenen neuronalen Netzwerk beeinflusst. Sie haben im Laufe der Jahre viele eigene Modellvorstellungen davon entwickelt, „wie etwas geht" oder „wie etwas richtig zu machen ist". Dabei spielt es keine Rolle, ob diese Modellvorstellung aus der Sicht des Ausbilders richtig oder falsch ist, sondern lediglich, ob das Modell im Erfahrungshorizont des Lernenden bisher funktioniert hat. Solche eingefahrenen Denk- oder Verhaltensmuster lassen sich nicht wegreden oder verbieten. Die Modellvorstellungen haben so lange bestand, bis das Gegenteil bewiesen ist.

Erwachsene bauen Erfahrungen auf früheren Erfahrungen auf und verknüpfen diese Erfahrungen mit vorhandenem Wissen. Gelernt wird nicht, was einem gesagt wird, sondern was als persönlich bedeutsam erfahren wird und in das eigene Weltbild passt.

Für die Ausbilder bedeutet das, Lernräume zu schaffen, in denen die Lernenden die Möglichkeit bekommen, ihre eigenen Erfahrungen zu machen. Dabei müssen die o.g. Modellvorstellungen erschüttert werden, damit Lernen stattfinden kann. Erschüttern heißt, die Lernenden müssen die Erfahrung machen, dass sie mit ihren vorhandenen Modellvorstellungen, eine Situation nicht meistern, ein Problem nicht lösen können oder eben auf eine andere Art viel einfacher zum Ziel kommen. Nur dann entsteht ein neues Gedankenmodell. Wichtig dabei ist eine positive und konstruktive Lernatmosphäre. Nur wenn die Lernenden offen für Neues und bereit für Veränderungen sind, ihnen die Ausbilder auf Augenhöhe und respektvoll begegnen, können „Brücken gebaut" werden, die es den Lernenden ermöglichen, sich ohne Gesichtsverlust von ihren eingeschliffenen und lieb gewonnenen Praktiken zu lösen.

4.5.2 Fehler als Lernchancen

Ausbilder versuchen oft, Lernende in einer Lernsituation vor Fehlern zu bewahren. Diese gut gemeinte Vorgehensweise beraubt sie aber einer Lernchance. Vor allem im Überwinden von Schwierigkeiten, unvorhergesehenen Problemen und in der kreativen Reaktion auf die Lernsituation steckt sehr viel Lernpotenzial. „Externe Hilfen sind nur sinnvoll, wenn und insoweit sie vom Lernenden erbeten bzw. abgerufen werden. Fragen zu beantworten, die keiner hat, ist grundsätzlich sinnlos und trägt nichts zum Lernen bei" (Bauer et al. 2010, S. 38).

4.6 Lasse die Lernenden gemeinsam nach Lösungen suchen

Einsätze im Bevölkerungsschutz sind Teamarbeit. Auch Lernen funktioniert am besten in einer Gemeinschaft. Gemeinsam Probleme zu lösen, stärkt auch den Gruppenzusammenhalt und das Vertrauen in die anderen Teammitglieder. Der Stärkere kann dem Schwächeren helfen, denn letztlich verfolgen in den Einsatzorganisationen alle gemeinsam das gleiche Ziel: den Einsatzerfolg.

4.6.1 Lernen ist immer sozial

Wie beim Lernen Erwachsener dargestellt (KAP. 4.5.1), müssen in einem Lernprozess, der Kompetenzentwicklung ermöglicht, „Weltbilder" erschüttert werden. Das ist für den Lernenden immer mit Verunsicherung verbunden. Das ist auch ein Grund, warum Lernen am besten in einer Gruppe Gleichgesinnter funktioniert.

Gemeinsame Erfahrungen zu machen und sich mit anderen Lernenden vergleichen zu können („Hey, ich bin nicht der Einzige, der sich so anstellt!"), ist wahrscheinlich der bedeutsamste Verstärker des Lernvorgangs. Um das eigene Verhalten verändern zu können, ist es enorm wichtig, eine Rückmeldung (Feedback) von außen zu bekommen. Diese Rückmeldungen werden von einem Gleichgestellten (Mitlernenden) immer einfacher angenommen als von einem Ausbilder. Auch das betont die Bedeutung von gemeinsamen Lernerfahrungen in einer Gruppe und die bereits o.g. positive Lernatmosphäre.

4.6.2 Heterogene Gruppen – eine Lernchance!

Oft werden heterogene Gruppen in der Ausbildung als problematisch dargestellt. Die Lernenden sind nicht alle auf dem gleichen Wissensstand und das mache es in der Ausbildung schwierig. Im Bevölkerungsschutz sind jedoch heterogene Gruppen eher die Regel als die Ausnahme: Menschen aus verschiedenen sozialen Milieus, mit unterschiedlichen Bildungsniveaus und beruflichen Erfahrungen treffen hier aufeinander. Hinzu kommt, dass auch in ihrer Funktion im Bevölkerungsschutz unterschiedliche Erfahrungen vorhanden sind (Anfänger, Fortgeschrittene und Experten sind an einem Übungsabend der eigenen Einheit anwesend, bei einheitenübergreifenden Ausbildungen bringen die Lernenden die örtlichen Spezifitäten mit). Mit der (gewollten) Ansprache spezieller Zielgruppen (z.B. mehr Frauen, Menschen mit Behinderung, Menschen mit Migrationshintergrund) nimmt diese Unterschiedlichkeit in den Gruppen eher noch zu als ab. Das Prinzip „Gießkanne“ (alle bekommen das Gleiche zur gleichen Zeit) funktioniert also dann nicht mehr (wobei der Autor selbst bezweifelt, dass es überhaupt je funktioniert hat).

Einer Gruppe mit vielfältigen, unterschiedlichen Erfahrungen wohnt aber auch eine didaktische Chance inne: Durch die vielen unterschiedlichen Blickrichtungen auf ein Problem können in Partner- und Gruppenphasen wertvolle Informationen die Runde machen und jeder kann von den Erfahrungen des anderen profitieren. Voraussetzung ist natürlich, dass dieser Erfahrungsaustausch durch eine geeignete Wahl der Ausbildungsmethoden auch ermöglicht wird.

4.7 Gelerntes nachhaltig sichern

Raus aus dem Lehrsaal bedeutet für viele Ausbilder „Wo bekommen die Lernenden die Unterlagen her?“ oder „Wie viele Unterlagen werden überhaupt noch benötigt?“. Zur

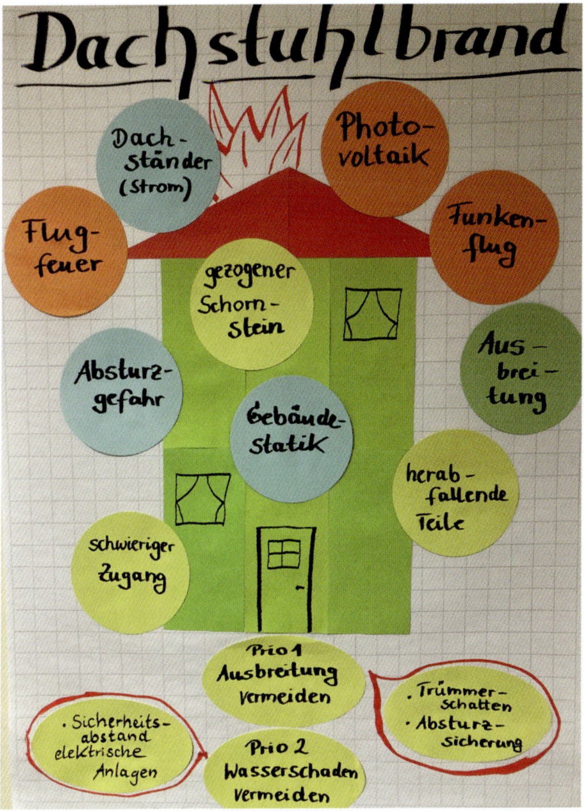

Abb. 11 ▶ Von Lernenden erstellter Flipchart im Rahmen einer Gruppenarbeit zum Thema besondere Einsatzsituationen in einem Gruppenführerlehrgang der Feuerwehr (Foto: M. Bräuer nach A. Bömmel und den Kursteilnehmern)

Ergebnissicherung können z.B. ein Buddy Book, ein Lückentext oder auch ein Fotoprotokoll dienen. Von den Lernenden erarbeitete Flipcharts, Plakate oder Pinnwände sollten in jedem Fall fotografiert und in einem Fotoprotokoll festgehalten werden. Dabei ist die Wertschätzung für die von den Lernenden erstellten Arbeiten enorm wichtig. Plakate vor den Augen der Lernenden abzunehmen und wegzuwerfen oder schlimmer die Lernenden selbst wegwerfen zu lassen, hinterlässt den Beigeschmack, die Arbeit „sei für die Mülltonne gewesen".

4.8 Hinterfrage Dich selbst!

„Wer aufhört, besser zu werden, hat aufgehört, gut zu sein." Dieses dem deutschen Industriellen und Politiker Philip Rosenthal (1916–2001) zugeschriebene Zitat gilt auch für die Ausbildung von Einsatzkräften.

4.8.1 Die Reflexion – vom Erlebnis zur Erfahrung

Nur durch Reflexion werden Erlebnisse zu Erfahrungen! Jeder Ausbilder sollte nach einer Ausbildungseinheit eine bewusste Selbstreflexion durchführen. Mit Selbstreflexion ist das Nachdenken über eine vergangene Situation aus eigener Sicht gemeint, die damit noch einmal von allen Seiten beleuchtet und untersucht wird, um sie besser zu verstehen und bewusst aus ihr zu lernen. Keine Ausbildungseinheit wird perfekt nach Plan verlaufen. Es gibt immer Verbesserungspotenzial. Manchmal weicht man in einer Ausbildungssituation von der Planung ab. Dann ist es wichtig, sich selbst zu hinterfragen: Warum bin ich von meiner Planung abgewichen? War es Absicht, weil ich auf unvorhersehbare Dinge reagieren musste? Oder habe ich meine Ziele aus den Augen verloren?

4.8.2 Leitfragen

a) Die Situation:
   - Wie war die Situation? (Ort, Zeit, Beteiligte, Tätigkeiten, Verlauf)

b) Die an der Situation beteiligten Menschen:
   - Wie haben sich die Menschen in ihr verhalten? Und mögliche Gründe dafür.
   - Wie hat sich bestimmtes Verhalten auf andere oder den weiteren Verlauf ausgewirkt?

c) Das eigene Verhalten:
   - In welcher Verfassung war ich (körperlich und psychisch)?
   - Wie hat mein Verhalten die Situation beeinflusst (positiv und negativ)?
     Was oder wen verstehe ich jetzt durch dieses Nachdenken besser und wie?

d) Fortführung der Ausbildung:
   - Was wäre bei einem nächsten Mal anders zu machen? Warum? Und wie?
   - Braucht jemand von den Lernenden eine konkrete Nachbereitung?
   - Wie kann die Arbeit auf gute und sinnvolle Weise fortgesetzt werden?

Übrigens: Das in diesem Abschnitt Gesagte gilt auch für Einsätze. Einsätze mitzuerleben, macht noch keine Einsatzerfahrung!

4.9 Lass Dir auf die Finger schauen – Fremdreflexion / Feedback

So wichtig es ist, selbst über das Erlebte nachzudenken, bleibt doch immer ein „blinder Fleck“, den man selbst nicht wahrnehmen kann. Bitten Sie deshalb immer Ihre Lernenden am Ende einer Ausbildung um ein Feedback. Dabei sollten insbesondere zwei Fragen kurz beleuchtet werden (Blitzlicht):

Abb. 12 ▶ Visualisierung für ein Blitzlicht

- Was nehme ich persönlich heute aus der Ausbildung mit (inhaltlicher Aspekt) und
- wie ging es mir während der Ausbildung (motivationaler Aspekt)?

Darüber hinaus können Sie sich von einer Person Ihres Vertrauens beobachten lassen. Idealerweise nimmt der Feedback-Geber selbst nicht an der Ausbildung teil, sondern kann sich ausschließlich auf seine Beobachtung konzentrieren. Er sollte ebenfalls in der Ausbildung aktiv sein (kollegiale Hospitation) und Sie sollten vor der Ausbildung zwei bis drei Beobachtungsschwerpunkte vereinbaren. Dabei können die o.g. Thesen einen Anhaltspunkt geben. Mögliche Beobachtungsaufträge könnten sein:

- Halte den Mund – so oft es geht:
  - Redeanteile von Teilnehmern und Ausbilder mit einer Schachuhr stoppen.
  - Redeanteil über den Verlauf einer Ausbildungseinheit qualitativ in einer Kurve visualisieren.
- Zeige den Teilnehmern nicht das Bild eines Apfels:
  - Wurden reale Objekte verwendet?
  - Waren Visualisierungen übersichtlich, verständlich, lesbar?
- Raus aus dem Schulungsraum:
  - War das Setting dem Ziel angemessen?
- Erfinde Lernsituationen:
  - Konnte ein praktischer Bezug hergestellt werden?
- Behandle die Lernenden als Gleichgestellte:
  - Wurden Fragen der Lernenden ernst genommen?
  - War der Umgang mit den Lernenden respektvoll und wertschätzend?

- Lasse die Lernenden gemeinsam nach Lösungen suchen:
  - Wurden die Lernenden aktiv in die Ausbildung eingebunden?
  - Gab es genügend Raum für Aktionen der Lernenden?
  - Waren die gewählten Methoden aktivierend für die Lernenden?

Für ein konstruktives Feedback sollten einige Regeln beachtet werden:

- Für den Feedback-Geber
  - **Sofort:** Feedback sollte möglichst bald nach einer Ausbildung erfolgen. Nur dann sind bei beiden Beteiligten die Eindrücke noch „frisch".
  - **Beschreibend:** Beschreiben Sie Ihre eigenen Wahrnehmungen und Reaktionen. Formulieren Sie in Ich-Botschaften („Mir ist aufgefallen ...", „Die Flipchart wirkte ... auf mich.")
  - **Sachlich richtig:** Selbstverständlich sollte die Beobachtung sachlich richtig sein und auch von anderen nachvollzogen werden können.
  - **Konkret:** Im Gegensatz zu allgemein. Beschreiben Sie möglichst konkrete, beobachtete Vorgänge im Unterrichtsgeschehen. (Beispiel: Nicht „Du gehst zu wenig auf Fragen der Lernenden ein!", sondern „Auf die Frage von ... zum Verteiler bist du nicht eingegangen!")
  - **Beobachtend:** Gehen Sie auf konkrete Beobachtungen ein. Interpretieren und vermuten Sie nicht.
  - **Wertschätzend:** Bleiben Sie immer wertschätzend und respektvoll. Vor allem wenn Erhal-

tungsziele (s. Kap. 4.10) nicht erreicht werden, darf das nicht zum Vorwurf werden („Du hast heute schon wieder …"). Verurteilen Sie nicht!

- Für den Feedback-Nehmer
  - **Zuhören:** Unterbrechen Sie den Feedback-Geber nicht. Hören Sie aktiv zu, indem Sie das Gesagte bewusst aufnehmen und für sich verarbeiten.
  - **Nachfragen:** Zum aktiven Zuhören gehört nachfragen! Fassen Sie das Gesagte in eigenen Worten zusammen und fragen Sie nach, ob Sie es richtig verstanden haben.
  - **Nicht rechtfertigen:** Der Feedback-Geber schildert Ihnen seine Sicht der Dinge. Feedback ist immer subjektiv! Sie brauchen sich nicht zu rechtfertigen.
  - **Prüfen:** Feedback ist ein Geschenk, das Sie ganz oder in Teilen annehmen können. Nehmen Sie das Gesagte mit und berücksichtigen Sie es bei Ihrer nächsten Eigenreflexion.

4.10 Sich selbst Ziele setzen – besser geht immer!

Wenn Sie sich entscheiden, bestimmte Punkte ändern zu wollen, die Sie für sich selbst (Selbstreflexion) oder durch die Rückmeldung eines anderen (Fremdreflexion oder Feedback) als verbesserungswürdig erkannt haben, so setzen Sie sich ein Verbesserungsziel. Auch dieses Verbesserungsziel sollte, wie in Kapitel 3.1 beschrieben, formuliert werden.

Beispiel für ein Verbesserungsziel:

Ich senke meinen Redeanteil bei der nächsten Ausbildung unter 30 %.

Das Verbesserungsziel kann auch Grundlage eines Beobachtungsauftrages sein.

Haben Sie ein Verbesserungsziel erreicht, so lohnt es sich, dieses für die nächste Ausbildung als Erhaltungsziel zu formulieren.

Beispiel für ein Erhaltungsziel:

Ich halte meinen Redeanteil unter 30 %!

Auch das Erhaltungsziel könnte dann Teil eines Beobachtungsauftrages werden. Nehmen Sie sich dabei nicht zu viel vor: Wenn Sie es z.B. gewohnt sind, Ausbildung mit einem hohen Redeanteil zu halten, so könnte es sinnvoll sein, diesen stufenweise zurückzufahren.

Tipp aus der Praxis: Ein Verbesserungsziel und ein Erhaltungsziel sind bei der Änderung des eigenen Verhaltens mehr als ausreichend!

5 Praktische Umsetzung an Beispielen

5.1 AVIVA© am Beispiel der Feuerwehr-Grundausbildung

In jeder Feuerwehr-Grundausbildung wird das Thema „Schläuche und wasserführende Armaturen“ behandelt. Sehr oft ist dieses Thema in einen theoretischen und einen praktischen Teil aufgeteilt. In der modularen Truppausbildung der bayerischen Feuerwehren werden hierfür beispielsweise 4 Unterrichtseinheiten (UE) empfohlen (in etwa aufgeteilt in 1 UE Theorie und 3 UE Praxis).

Der theoretische Teil findet dazu meist als Frontalunterricht statt, bestenfalls unter Nutzung der realen Objekte. Allerdings ist es auch heute noch sehr oft ein klassischer Folienvortrag im Klassenzimmer. Auf den Folien sind alle zu behandelnden Geräte abgebildet. Der Ausbilder erläutert Zweck – Aufbau – Wirkungsweise. Ziel ist es meist, dass die Auszubildenden die Gerätschaften zunächst kennenlernen, sie richtig benennen und wichtige Handhabungs- und Sicherheitshinweise kennen (zum Stichwort „kennen“ bei Lernzielformulierungen s. a. Kap. 3.1). Sehr oft werden noch zusätzlich mehr oder weniger wichtige Zahlen, Daten und Fakten genannt. Der Aufbau der Ausbildungseinheit folgt dabei in der Regel der klassischen Form eines Vortrags mit Einleitung, Hauptteil und Schluss. Als Begründung des Vorgehens werden Argumente genannt wie „Theorie muss vor der Praxis vermittelt werden.“, „Bevor die Auszubildenden etwas mit den Gerätschaften tun können, müssen sie die erst kennengelernt haben.“ oder auch entschuldigend „Theorie muss halt sein.“ – auch wenn der Ausbilder selbst dieses Vorgehen anzweifelt. Der Redeanteil des Ausbilders liegt dabei meist deutlich über 90 %, die Teilnehmer (von Lernenden kann man hier nicht sprechen) sind zu passivem Zuhören verdammt. Eine Bemerkung am Rande: Eine gelegentlich eingestreute Frage, die dann sehr oft noch vom Ausbilder selbst beantwortet wird, macht aus einem Vortrag noch kein Lehrgespräch!

Mit der konsequenten Anwendung des AVIVA©-Schemas ließe sich jedoch eine weitaus höhere Aktivierung der Lernenden erreichen. Am Beispiel des o.g. Themas könnte die theoretische Ausbildungseinheit wie folgt als VARIANTE 1 und VARIANTE 2 aussehen.

Variante 1 – Theorie mit AVIVA©

Beispiel für eine Zielformulierung:

Die Lernenden unterscheiden die wichtigsten wasserführenden Armaturen und Schlaucharten, nennen deren Verwendungszweck und die wichtigsten Handhabungshinweise.

A – Ankommen und einstimmen

Mithilfe eines Einsatzbildes wird den Lernenden eine reale Situation präsentiert. In diesem Fall der Brand einer Gartenlaube in einer Schrebergartensiedlung. Die Wasserentnahme muss über einen vorhandenen Löschwasserbehälter erfolgen, die Zufahrt ist nur bis zum Eingang der Schrebergartensiedlung möglich und somit der Aufbau einer ca. 100 m langen Zubringer- und Angriffsleitung notwendig.

V – Vorwissen aktivieren

Die Lernenden erhalten einen schriftlichen Arbeitsauftrag und sollen sich kurz (ca. 2 min) allein über die folgenden Fragen Gedanken machen:

- Wie kommt das Wasser von der Entnahmestelle zum Brandobjekt?
- Welche Gerätschaften sind dafür notwendig?

I – Informieren

In der Fahrzeughalle des Ausbildungsortes steht ein Löschfahrzeug zur Verfügung. Für alle zu behandelnden wasserführenden Armaturen sowie die vorhandenen Schläuche steht eine Lernunterlage mit einer bildlichen Darstellung, dem Verwendungszweck und Handhabungshinweisen zur Verfügung.

Die Lernunterlage kann dabei auch umfassend alle Schläuche und wasserführenden Armaturen enthalten, die in der Feuerwehr vorhanden sein können, auch wenn in der Ausbildungseinheit nur ein Teil behandelt wird (z.B. Sonderformen von Schläuchen oder nicht überall vorhandene Sonderarmaturen). Die Anzahl der zu behandelnden Geräte ist beim Zeitansatz zu berücksichtigen.

Die Lernenden werden in Gruppen eingeteilt. Bei einer angenommenen Anzahl an Lernenden von 24 wäre eine Einteilung in sechs Gruppen à vier Personen optimal. Jede Gruppe bekommt einen Teil der Gerätschaften zugeteilt und kann sich nun mit den einzelnen Geräten anhand der Unterlagen vertraut machen. Dabei muss darauf geachtet werden, jede Gruppe so einzuteilen, dass sie in etwa gleich viele Geräte bzw. Geräte, die den gleichen zu erwartenden Arbeitsaufwand bedürfen, durchnimmt, damit die Gruppen in etwa die gleiche Arbeitszeit benötigen.

V – Verarbeiten

Für jedes der Gruppe zugeteilte Gerät sollen die Lernenden eine kurze Taschenkarte vervollständigen (Vorlage mit einem Bild ist vorhanden). Dabei sollen sie den Verwendungszweck und die aus ihrer Sicht drei bis fünf wichtigsten Handhabungshinweise in Stichpunkten auf der Taschenkarte darstellen. Als Informationsquelle stehen die Lernunterlage und der Ausbilder zur Verfügung. Gleichzeitig sollen sich die Lernenden informieren, wo das Gerät im Fahrzeug verstaut ist.

Die Taschenkarten werden eingesammelt und vom Ausbilder gemischt. Anschließend werden die Lernenden gebeten, einzeln zum Ausbilder zu kommen, eine Taschenkarte zu ziehen, dann das entsprechende Gerät aus dem Fahrzeug zu holen (dabei können die Lernenden aus der Gruppe unterstützen, die das jeweilige Gerät behandelt haben) und eine kurze Erklärung zum Gerät anhand der Taschenkarte abzugeben. Die Gerätschaften werden in der Mitte der Fahrzeughalle abgelegt. Die anderen Lernenden erhalten nun die Gelegenheit, die Ausführungen zu ergänzen oder zu korrigieren. Der Ausbilder ergänzt oder korrigiert nur, falls es notwendig ist.

A – Auswerten

Die Lernenden erhalten nun Gelegenheit, ihre Überlegungen aus der Phase „Vorwissen aktivieren“ mit den Inhalten aus den Phasen „Informieren“ und „Verarbeiten“ zu verknüpfen. Der Ausbilder stellt dazu ein Plakat vor, auf dem die Einsatzstelle schematisch dargestellt und die einzelnen Abschnitte Wasserentnahme – Wasserfortleitung – Wasserabgabe mit den Großbuchstaben E, F und A gekennzeichnet sind. Gleichzeitig werden drei Bereiche auf dem Boden mit E, F und A gekennzeichnet. Die Eingangsfragen sollen durch die Zuordnung der passenden Gerätschaften zu den Bereichen Wasser**E**ntnahme, Wasser**F**ortleitung und Wasser**A**bgabe beantwortet werden. Daran können sich alle Lernenden beteiligen und sich gegenseitig unterstützen.

Variante 2 – Theorie und Praxis kombiniert

Als zweite Variante soll hier eine Kombination aus theoretischem und praktischem Teil erfolgen. In der praktischen Einheit sollen die Lernenden beispielsweise

- Rollschläuche unfallsicher tragen, auslegen und rollen
- die Schnellangriffsleitung auslegen
- Hindernisse bei der Vornahme von Druckschläuchen überwinden
- fahrbare und tragbare Haspeln handhaben
- Druckschläuche mit Tragekorb verlegen und Tragekorb wieder bestücken
- den Verteiler handhaben
- Strahlrohre bedienen
- Saugschläuche unfallsicher tragen und kuppeln.

Die praktische Ausbildung wird in der Regel als Stationsausbildung durchgeführt. Das heißt, die Lernenden durchlaufen eine bestimmte Anzahl von Stationen, jede Station wird von einem Ausbilder betreut. Der Verzahnung von Theorie und Praxis kann hier einen nicht zu unterschätzenden Lernerfolg bringen, da die notwendigen theoretischen Inhalte in einer konkreten Handlungssituation erworben werden (s. dazu auch Kap. 4.3).

Auch hier kann das AVIVA©-Schema angewandt werden. Als Handlungssituation wird das obige Beispiel gewählt. Die Phasen „Ankommen“ und „Vorwissen aktivieren“ erfolgen analog zum obigen Beispiel der Variante 1. Die Phasen „Informieren“, „Verarbeiten“ wiederholen sich von Station zu Station. Die Phase „Auswerten“ bildet den Abschluss. Eine Ausbildungssequenz könnte demnach folgendermaßen aussehen:

A – Ankommen und einstimmen

Mithilfe des Einsatzbildes wird den Lernenden die Situation aus VARIANTE 1 präsentiert.

V – Vorwissen aktivieren

Die Lernenden erhalten wie bei VARIANTE 1 den schriftlichen Arbeitsauftrag und sollen sich kurz (ca. 2 min) allein über die Fragen Gedanken machen.

I – Informieren

Auf dem Übungshof des Ausbildungsortes steht ein Löschfahrzeug bereit. Bei der Aufteilung von 24 Lernenden in sechs Gruppen à vier Personen empfiehlt sich die Einteilung der Geräte in sechs Stationen. Veränderungen in der Gruppengröße o. Ä. müssen bei der Einteilung berücksichtigt werden. Auch gedoppelte Stationen sind je nach Größe der Gruppe und verfügbaren Ausbildern denkbar. An jeder Station erhalten die Lernenden nun einen Arbeitsauftrag:

Station 1

- Rollschläuche unfallsicher tragen, auslegen und rollen
- den Verteiler handhaben

Die Aufgabe besteht darin, eine Schlauchleitung vom Fahrzeug zum Verteiler aufzubauen und anschließend wieder zurückzunehmen.

Die Lernenden dürfen sich anhand der Lernunterlage selbstständig die notwendigen Geräte zusammenstellen und auf einer Taschenkarte die wichtigsten Handhabungshinweise notieren.

Station 2

- die Schnellangriffsleitung auslegen
- Strahlrohre bedienen

Die Aufgabe besteht darin, die Schnellangriffsleitung vom Fahrzeug zu einem „brennenden" Kraftfahrzeug zu verlegen und mit Sprühstrahl einen Löschangriff zu beginnen.

Die Lernenden dürfen wieder anhand der Lernunterlage selbstständig die notwendigen Geräte zusammenstellen und auf einer Taschenkarte die wichtigsten Handhabungshinweise notieren.

Station 3

- Hindernisse bei der Vornahme von Druckschläuchen überwinden

Die Aufgabe besteht darin, eine Schlauchleitung über ein Hindernis zum Verteiler zu verlegen.

Auch hier dürfen die Lernenden wieder anhand der Lernunterlage selbstständig die notwendigen Geräte zusammenstellen und auf einer Taschenkarte die wichtigsten Handhabungshinweise notieren.

Station 4

- fahrbare und tragbare Haspeln handhaben

Die Aufgabe besteht darin, eine Schlauchleitung vom Fahrzeug zum Verteiler aufzubauen und anschließend wieder zurückzunehmen.

Die Lernenden dürfen wieder anhand der Lernunterlage selbstständig die notwendigen Geräte zusammenstellen und auf einer Taschenkarte die wichtigsten Handhabungshinweise notieren.

Station 5

- Druckschläuche mit Tragekorb verlegen und Tragekorb wieder bestücken

Die Aufgabe besteht darin, eine Schlauchleitung vom vorgehenden Trupp zum Verteiler aufzubauen und anschließend wieder zurückzunehmen.

Die Lernenden dürfen wieder anhand der Lernunterlage selbstständig die notwendigen Geräte zusammenstellen und auf einer Taschenkarte die wichtigsten Handhabungshinweise notieren.

Station 6

- Saugschläuche unfallsicher tragen und kuppeln

Die Aufgabe besteht darin, eine Wasserentnahme aus einem offenen Gewässer mithilfe einer Saugleitung aufzubauen und anschließend wieder zurückzunehmen.

Die Lernenden dürfen wieder anhand der Lernunterlage selbstständig die notwendigen Geräte zusammenstellen und auf einer Taschenkarte die wichtigsten Handhabungshinweise notieren.

Anmerkung: Die vorgestellten Varianten beschränken sich bewusst auf die üblichen Grundlagen, die in bestehenden Unterrichtskonzepten für das Thema „Schläuche und wasserführende Armaturen“ vorgesehen sind. Komplexere Vorgänge (Verlegen von Schlauchleitungen in Treppenräumen) müssen ergänzt oder in späteren Unterrichtseinheiten oder Übungen aufgegriffen werden.

V – Verarbeiten

Die Aufgabe wird nun ausgeführt. Dabei unterstützt der Ausbilder bei Bedarf durch praktische Tipps und Hinweise und achtet auf mögliche Unfallgefahren. Parallel wird an den anderen Stationen verfahren.

Zu einem festgelegten Zeitpunkt erfolgt der Stationswechsel. Die Rotation kann dabei nach einem festgelegten Schema (z.B. im Uhrzeigersinn) oder einer abgesprochenen Reihenfolge erfolgen. Sind mehr Stationen als Gruppen vorhanden, kann auch die nächste freie Station belegt werden. Das hat den Vorteil, dass zeitlich individuell auf die Lernenden eingegangen werden kann (z.B. wenn eine Gruppe schneller fertig ist oder länger braucht).

A – Auswerten

Die Lernenden erhalten nun Gelegenheit, ihre Überlegungen aus der Phase „Vorwissen aktivieren" mit den Inhalten aus den Phasen „Informieren" und „Verarbeiten" zu verknüpfen. Die Vorgehensweise erfolgt analog zu VARIANTE 1.

Ausblick: Integration in Lernsituationen

In die Varianten 1 und 2 können nach Auffassung des Autors bestehende Unterrichtskonzepte ohne viel Aufwand überführt werden. Die Königsdisziplin würde nun darin bestehen, die o.g. Inhalte komplett in Lernsituationen einzubetten. Dabei wird nun die strenge Trennung der einzelnen Themen, wie sie bisher üblich war, vollkommen aufgegeben. In und an einer Lernsituation können verschiedene Themen behandelt und entsprechende Kompetenzen erworben werden. Lernsituationen dürfen die Lernenden dabei durchaus vor komplexere Problemsituationen stellen (z.B. Verlegen einer Schlauchleitung im Treppenraum). Das bedeutet aber auch, dass nicht alle o.g. Inhalte in eine Lernsituation integriert werden müssen, sondern sich auch in verschiedenen Lernsituationen wiederfinden können. Der Ausblick bezieht sich dabei auf den derzeit laufenden Pro-

Tab. 4 ▶ Beschreibung einer Lernsituation (nach einer Vorlage von Sven Linck, Berufsfeuerwehr Oldenburg)

Lehrgang: **Truppmann Teil 1**	**Lernsituation:** **Brand Gartenlaube**	**Lernfeld:** **Brandbekämpfung***
Stand: xx.xx.xxxx	Nr. xxx	Nr. B1

Hinweise:
Örtlichkeit: Schrebergartensiedlung Musterhausen
Vorbereitungen: den Übungsdarsteller (Betroffenen) postieren und in Lage einweisen
Simulation: Nebelmaschine in die Gartenlaube stellen (Öffnen der Tür); Gasflasche neben der Tür abstellen
Übungsorganisation: geeignet für zwei Gruppen (Fahrzeug als nachrückende Einheit)

Lage:
Frontalansicht: Rauch aus Gartenlaube, eine Person anwesend, Anfahrt bis zum Zugang der Schrebergartensiedlung, Wasserentnahmestelle der vorhandene Löschwasserbehälter
Befragung: Besitzer erzählt, dass in der Gartenlaube eine Gasflasche gelagert ist
Innenansicht: starke Verrauchung, in der Hütte steht direkt neben der Tür eine Gasflasche, Person ist nicht zu sehen
Gesamtübersicht: keine weiteren Gebäude in Gefahr

Inhaltliche Schwerpunkte:
- Wasserentnahme aus einem Löschwasserbehälter
- Aufbau der Schlauchleitung von der Pumpe zum Verteiler
- Aufbau der Schlauchleitung vom vorgehenden Trupp zum Verteiler
- Löschangriff nach FwDV 3
- Betreten von Grundstücken

Hinweise für die Nachbesprechung:
- Teilnehmer und Teilnehmerinnen zuerst zu Wort kommen lassen
- Ausbilder moderiert
- Ausbilder ergänzt bzw. korrigiert nur, wenn es notwendig ist

Vorhandene Gefahren:
Atemgifte, Ausbreitung, Angstreaktion, Erkrankung

Mögliche Darstellung:

TAB. 4 ▶ Beschreibung einer Lernsituation (nach einer Vorlage von Sven Linck, Berufsfeuerwehr Oldenburg)

Fachkompetenz:
- benutzen die persönliche Schutzausrüstung situationsgerecht
- beachten Sicherheitsvorschriften (Unfallverhütungsvorschriften [UVV])
- stellen die Wasserversorgung vom Löschwasserbehälter zur Pumpe situations- und fachgerecht her
- verlegen die Schlauchleitung zwischen Pumpe und Verteiler situations- und fachgerecht
- verlegen die Schlauchleitung zwischen Angriffstrupp und Verteiler situations- und fachgerecht
- beachten die rechtlichen Vorgaben beim Betreten des Grundstückes
- führen Absperrungen und Sicherungsmaßnahmen an der Einsatzstelle durch
- wenden die Grundsätze der Einsatzstellenhygiene an

Selbstkompetenz:
- reflektieren ihre Leistung in der Gruppe
- fühlen sich für das Ergebnis der Gruppe verantwortlich
- reflektieren ihren Leistungsstand

Sozialkompetenz:
- arbeiten engagiert in der Gruppe in ihrer Funktion mit

Methodenkompetenz:
- wenden die Aufgabenverteilung nach FwDV 3 situationsgerecht an
- arbeiten nach den Anweisungen des Gruppenführers selbstständig

Kommunikative Kompetenz:
- geben Befehle, Weisungen und Meldungen mit und ohne technische Hilfsmittel unter Berücksichtigung von Kommunikationsmodellen weiter

Lernkompetenz:
- wenden die zur Verfügung stehenden Lernhilfsmittel an (z. B. Schaubilder, Checklisten, Lernkarten, FwDV 3)
- wenden in der Nachbesprechung die Feedbackregeln selbstständig an

* Die Bezeichnung des Lernfeldes entstammt den Vorarbeiten der Überarbeitung der FwDV 2 (zum Zeitpunkt der Veröffentlichung des Buches noch unveröffentlicht)

zess zur Überarbeitung der FwDV 2 „Ausbildung der Freiwilligen Feuerwehren".

Als Beispiel zur **Verwendung einer Lernsituation** dient uns wieder der Brand einer Gartenlaube in einer Schrebergartensiedlung. Die Wasserentnahme muss über einen vorhandenen Löschwasserbehälter erfolgen, die Zufahrt ist nur bis zum Eingang der Schrebergartensiedlung möglich und somit der Aufbau einer ca. 100 m langen Zubringer- und Angriffsleitung notwendig.

Die Lernsituation dient dabei nicht mehr als „Übung" und „praktische Umsetzung" für die vorher „theoretisch" erarbeiteten Lerninhalte, sondern fungiert als Grundlage für die Lernenden, sich die notwendigen Lerninhalte anzueignen. Dabei ist es legitim und auch wünschenswert, dass für einen Lehrgang (beispielsweise der Grundausbildung der Freiwilligen Feuerwehr) verschiedene Lernsituationen erarbeitet werden, die alle notwendigen Inhalte abdecken. Die Lernsituationen dürfen sich dabei selbstverständlich auch inhaltlich überschneiden und können auch als Grundlage für eine Unterrichtssequenz im Lehrsaal dienen. Dabei gilt der Grundsatz: Erlaubt ist, was funktioniert! Oder wie ein erfahrener Berufsschullehrer dem Autor sagte: „Tue, was Du willst, aber wisse warum!"

5.2 AVIVA© am Beispiel der Ausbildung im Rettungsdienst bzw. für die „Erste Hilfe“ (Theorie und Praxis)

von A. Bömmel

Beispiel für eine Zielformulierung für den Ausbildungsbereich „Wundversorgung, Blutstillung, Ruhigstellung von Knochenbrüchen“:

Die Lernenden unterscheiden verschiedene Arten von Verbänden. Sie wählen das notwendige Verbandmaterial aus und legen einen Verband situations- und fachgerecht an.

A – Ankommen und einstimmen

Den Lernenden wird eine reale Situation präsentiert. An dieser Stelle können z.B. zwei unterschiedliche Verletzungen (Indikation Wundverband/Druckverband) jeweils auf einem DIN-A3-Plakat gezeigt werden.

V – Vorwissen aktivieren

Im Arbeitsauftrag machen sich die Lernenden Gedanken über die beiden Situationen:

- Wie können die dargestellten Verletzungen schnell und effektiv behandelt werden?
- Welche Materialien sind notwendig und geeignet?

Die Lernenden schreiben ihre Vorschläge auf Karten und ordnen diese den Beispielbildern zu. Sie geben hierzu ein kurzes Statement ab.

Anhand dieser Ergebnisse und Statements erkennt der Ausbilder, wie weit Vorkenntnisse bei den Lernenden vorhanden sind. Diese Erkenntnis muss er in der weiteren Ausbildung berücksichtigen, indem er zielführend und orientiert an den Lernenden agiert und nicht Dinge gebetsmühlenartig wiederholt, die bereits von den Lernenden umfänglich angesprochen wurden.

I – Informieren

Am Lernort stehen die Einsatzmittel bereit (z. B. Notfallrucksack, Tasche für Sanitätsdienst, Notfallkoffer), die auch real im Einsatz verwendet werden. Somit ist sichergestellt, dass die notwendigen Materialien auch schnell gefunden werden. In dieser Lernsituation können in der Vorbereitung für diese Ausbildung Verbrauchsmaterialien gegen Übungsmaterial (z. B. abgelaufene Verbandmaterialien) ersetzt werden. Wichtig ist der reale Lagerort im Notfallrucksack oder Notfallkoffer.

Je nach Anzahl der Lernenden können Stationen aufgebaut werden (s. a. Kap. 5.1). An diesen Stationen ordnen die Lernenden die notwendigen Verbandmaterialien und weitere notwendige Einsatzmittel (wenn vorhanden, evtl. auch Tourniquet) der dargestellten Situation zu.

V – Verarbeiten

Jetzt wird die Aufgabe praktisch durchgeführt. Je nach Situation werden im Beispielthema „Wundversorgung, Blutstillung, Ruhigstellung von Knochenbrüchen“ die verschiedenen Verbände angelegt. Dies kann in der Situation „Wundverband“ gegenseitig zum Beispiel in Partnerarbeit erfolgen oder beim Anlegen eines Druckverbands an einem Dummy durchgeführt werden.

Der Ausbilder überwacht die Arbeit der Lernenden. Auch bei offensichtlichen Fehlern greift er nicht ein. Hierzu ist die nächste Phase „Auswerten“ da.

A – Auswerten

Wie bereits angesprochen, analysiert hier der Lernende, wie zielführend er auf die gestellte Situation reagiert und agiert hat. Er erkennt eventuelle Fehler selbst (Selbstreflexion). Der Lernpartner/die Gruppe gibt ihm ebenfalls Feedback. Zum Schluss hat der Ausbilder die Möglichkeit, ein Feedback abzugeben (Fremdreflexion). Bereits Angesprochenes ist an dieser Stelle nicht mehr zu wiederholen!

Zur Lernstoffsicherung kann u.a. ein Arbeitsblatt mit Lückentext oder ein Buddy Book (Mini-Book, Merkheft) verwendet werden.

6 Und zum Schluss ...

Der Autor will Leserinnen und Lesern einige Anregungen für eine gute, d.h. Kompetenzerwerb ermöglichende Ausbildung geben. Die vorgestellten Thesen und Ansätze sind nicht als abschließend zu betrachten und können auch jede für sich allein genommen kaum den Anspruch an eine gute Ausbildung erfüllen. Sie müssen also vielmehr immer im Zusammenhang und auf das große Ziel „im Einsatz handlungsfähig zu sein" gedacht werden.

Auch dürfen die gemachten Aussagen nicht als Kochrezept verstanden werden, genauso wie die Beispiele eben nur ein Beispiel für eine mögliche Umsetzung darstellen.

Lernen ist ein in sich abgeschlossener Prozess im Gehirn des Lernenden, der von außen nicht beeinflussbar ist! Das heißt, wir können als Ausbilder lediglich Kompetenzerwerb ermöglichen, ihn aber nicht erzwingen.

Abb. 13 ▶ Gedanken von Teilnehmern einer Fortbildung einer Landesfeuerwehrschule zum Paradigmenwechsel in der Feuerwehrausbildung von Lehrkräften

Ausbilden ist eine Fähigkeit, die von Erfahrung lebt. Diese Erfahrung muss jeder Ausbilder für sich machen, das heißt, ausprobieren, anders denken, Neues wagen – auch mit dem Risiko, dass eine Ausbildungseinheit nicht so läuft, wie geplant.

Fehler sind auch hier Lernchancen! Trauen Sie sich!

Literatur

AEBLI H (2006) Zwölf Grundformen des Lehrens. 13. Aufl., Klett-Cotta, Stuttgart.

ARNOLD R (2012) Ich lerne also bin ich. Eine systemisch-konstruktivistische Didaktik. 2. Aufl., Carl-Auer, Heidelberg.

ARNOLD R (2013) Wie man lehrt, ohne zu belehren. 29 Regeln für eine kluge Lehre. Das LENA-Modell. 2. Aufl., Carl-Auer, Heidelberg.

ARNOLD R (2017) Entlehrt euch! Ausbruch aus dem Vollständigkeitswahn. hep, Berlin.

ARNOLD R, ERPENBECK J (2017) Wissen ist keine Kompetenz. Schneider-Verlag Hohengehren, Baltmannsweiler.

BAUER HG, BRATER M, BÜCHELE U, DUFTER-WEIS A, MAURUS A, MUNZ C (2010) Lern(prozess)begleitung in der Ausbildung. Wie man Lernende begleiten und Lernprozesse gestalten kann. Ein Handbuch. 3. Aufl., Bertelsmann, Bielefeld.

BRÄUER M, HÖFS TE, MEYER A (2013A) Paradigmenwechsel in der Ausbildung von Einsatzkräften. Auf dem Weg vom kognitiven zum konstruktivistischen Lernparadigma. Bevölkerungsschutz 3: 6–10.

BRÄUER M, HÖFS TE, MEYER A (2013B) Paradigmenwechsel in der Feuerwehrausbildung – Teil 1. Selbsttest und Tipps für eine handlungsorientierte Ausbildung. Brandschutz/DFZ 3: 170–177.

BRÄUER M, HÖFS TE, MEYER A (2013C) Paradigmenwechsel in der Feuerwehrausbildung – Teil 2. Ausbildungsbeispiele auf Basis einer konstruktivistisch ausgelegten Didaktik. Brandschutz/DFZ 4: 246–251.

BRINKER T, SCHUMACHER E-M (2014) Befähigen statt belehren. Neue Lehr- und Lernkultur an Hochschulen. hep, Bern.

CASPARY R (HRSG.) (2010) Lernen und Gehirn. Der Weg zu einer neuen Pädagogik. 7. Aufl., Herder, Freiburg.

DUARTE N (2009) slide:ology oder die Kunst, brillante Präsentationen zu entwickeln. O'Reilly, Köln.

DÜRRSCHMIDT P, BRENNER S, KOBLITZ J ET AL. (2014) Methodensammlung für Trainerinnen und Trainer. 9. Aufl., managerSeminare, Bonn.

ENKE K, KUHNKE R (2013) Lernfeld Rettungsdienst. Wege zum handlungsorientierten Unterricht. Stumpf + Kossendey, Edewecht.

Erpenbeck J, Sauter W (2016) Stoppt die Kompetenzkatastrophe! Wege in eine neue Bildungswelt. Springer, Berlin.

Fox D (2021) Physiologie. Druck statt Strom. Spektrum der Wissenschaft (Spezial Biologie, Medizin, Hirnforschung) 4: 36–44.

Gruber H, Mandl H, Renkl A (2000) Was lernen wir in Schule und Hochschule: Träges Wissen? In: Mandl H, Gerstenmeyer J (Hrsg.) Die Kluft zwischen Wissen und Handeln. Empirische und theoretische Lösungsansätze. Hogrefe, Göttingen u.a., S. 139–157.

Gudjons H (2014) Handlungsorientiert lehren und lernen. Schüleraktivierung – Selbsttätigkeit – Projektarbeit. 8. Aufl., Klinkhardt, Bad Heilbrunn.

Gudjons H, Traub S (2016) Pädagogisches Grundwissen. 12. Aufl., Klinkhardt, Bad Heilbrunn.

Gumin H, Meier H (Hrsg.) (2015) Einführung in den Konstruktivismus. 15. Aufl., Piper, München.

Höfs TE, Bräuer M, Meyer A (2014) Ausbildung: Medieneinsatz am Beispiel von Präsentationsfolien. Schlecht ausgearbeitetes Unterrichtsmaterial gefährdet den Lernerfolg. Brandschutz/DFZ 3: 182–186.

Höfs TE, Vollbrecht T (2011) Atemschutztraining – realitätsnah und sicher. Kohlhammer, Stuttgart.

Jank W, Meyer H (2018) Didaktische Modelle. 12. Aufl., Cornelsen, Berlin.

Karutz H (2012) Die Bedeutung der Notfallpädagogik für den Bevölkerungsschutz in Deutschland. Vortrag vor der Schutzkommission beim Bundesminister des Innern am 20. September 2012 in Würzburg.

Karutz H (Hrsg.) (2011) Notfallpädagogik. Konzepte und Ideen. Stumpf + Kossendey, Edewecht.

Karutz H, Mitschke T (2014) Notfallbezogene Erziehungswissenschaft: Pädagogik im Bevölkerungsschutz! Wieso, weshalb, warum? IM EINSATZ 21 (4): 188–193.

Karutz H, Mitschke T (2018a) Pädagogik und Bildungsverständnis im Bevölkerungsschutz. Bevölkerungsschutz 4: 2–7.

Karutz H, Mitschke T (2018b) Gegenwärtige und zukünftige pädagogische Herausforderungen im Bevölkerungsschutz. Notfallvorsorge 49 (2): 13–19.

Karutz H, Mitschke T (2018c) Grundzüge und Handlungsfelder einer „Bevölkerungsschutzpädagogik“. Notfallvorsorge 49 (1): 4–13.

KARUTZ H, MITSCHKE T (2021) Pädagogik im Bevölkerungsschutz. In: Freudenberg D, Kuhlmey M (Hrsg.) Krisenmanagement, Notfallplanung, Zivilschutz. Berliner Wissenschaftsverlag, Berlin, S. 406–428.

KORTE M (2017) Wir sind Gedächtnis: Wie unsere Erinnerungen bestimmen, wer wir sind. Deutsche Verlags-Anstalt (Kindle-Ausgabe), München.

KULTUSMINISTERKONFERENZ (KMK) (Hrsg.) (2021) Handreichung für die Erarbeitung von Rahmenlehrplänen der Kultusministerkonferenz für den berufsbezogenen Unterricht in der Berufsschule und ihre Abstimmung mit Ausbildungsordnungen des Bundes für anerkannte Ausbildungsberufe. Sekretariat der Kultusministerkonferenz, Berlin. Online unter www.kmk.org (Abruf: 14. November 2021).

LANGEWAND S, BIRKHOLZ W, DOBLER G (2016) Dozent im Rettungsdienst: Der Weg zum erfolgreichen Ausbilder. 8. Aufl., Stumpf + Kossendey, Edewecht.

LEFRANÇOIS GR (2015) Psychologie des Lernens. 5. Aufl., Springer, Berlin, Heidelberg.

MANDL H, GERSTENMEYER J (HRSG.) (2000) Die Kluft zwischen Wissen und Handeln. Empirische und theoretische Lösungsansätze. Hogrefe, Göttingen u. a.

MATTES W (2011) Methoden für den Unterricht. Schöningh, Paderborn.

MATURANA HR, VARELA FJ (2015) Der Baum der Erkenntnis. Die biologischen Wurzeln menschlichen Erkennens. 6. Aufl., Fischer, Frankfurt am Main.

MEYER H (2010) Was ist guter Unterricht? 7. Aufl., Cornelsen, Berlin.

MEYER H (2015) Leitfaden Unterrichtsvorbereitung. 8. Aufl., Cornelsen, Berlin.

MITSCHKE T, FRANKE D (2013) Paradigmenwechsel in der Aus- und Fortbildung des Bevölkerungsschutzes. Zielgruppenorientierte Ausbildungsgestaltung für effektive Bildungsprozesse. Brandschutz/DFZ 6: 410–413.

NOAK T, AHRENS U, BRÄUER M (2013) Paradigmenwechsel an der LSBK Mecklenburg-Vorpommern. Beispiel für die Umsetzung handlungsorientierter Ausbildung. Brandschutz/DFZ 10: 771–775.

PHILLIPS DJP (2011) How to Avoid Death By PowerPoint. Presentation Skills Ltd, Ramnäs.

RACHOW A, SAUER J (2019) Der Flipchart-Coach. 8. Aufl., managerSeminare, Bonn.

REICH K (2012) Konstruktivistische Didaktik. Das Lehr- und Studienbuch mit Online-Methodenpool. 5. Aufl., Beltz, Weinheim.

REYNOLDS G (2012) Zen oder die Kunst der Präsentation. Mit einfachen Ideen gestalten und präsentieren. 2. Aufl., Addison-Wesley, München, Boston u.a.

ROTH G (2011) Bildung braucht Persönlichkeit. Wie Lernen gelingt. Klett-Cotta, Stuttgart.

SAUER J (2018) Business-Symbole einfach zeichnen lernen. 2. Aufl., managerSeminare, Bonn.

SIEBERT H (2012) Didaktisches Handeln in der Erwachsenenbildung. Didaktik aus konstruktivistischer Sicht. 7. Aufl., Ziel, Augsburg.

SIEBERT H (2005) Pädagogischer Konstruktivismus. Lernzentrierte Pädagogik in Schule und Erwachsenenbildung. 3. Aufl., Beltz, Weinheim.

SINGER W (2002) Der Beobachter im Gehirn. Essays zur Hirnforschung. 7. Aufl., Suhrkamp, Frankfurt.

SOLSO RL (2005) Kognitive Psychologie. Springer, Heidelberg.

SPITZER M (2007) Lernen. Gehirnforschung und die Schule des Lebens. Elsevier Spektrum, München, Heidelberg.

STÄDELI C (2010) Die fünf Säulen der guten Unterrichtsvorbereitung. Folio 135 (6): 20–23.

STÄDELI C, GRASSI A, RHINER K, OBRIST W (2013) Kompetenzorientiert unterrichten. Das AVIVA©-Modell. Fünf Phasen guten Unterrichts. 2. Aufl., hep, Bern.

STRAUSS H, BREITKOPF D, KALT J (2019) Allgemeine Didaktik am Staatsinstitut IV. Ausgabe 2019/2020. Unterrichtsbegleitendens Skript (unveröffentlicht). Ansbach.

VESTER F (2007) Denken, Lernen und Vergessen. Was geht in unserem Kopf vor, wie lernt das Gehirn, und warum lässt es uns im Stich? 32. Aufl., dtv, München.

WAHL D (2013) Lernumgebungen erfolgreich gestalten. Vom trägen Wissen zum kompetenten Handeln. 3. Aufl., Klinkhardt, Bad Heilbrunn.

WATZLAWICK P (HRSG.) (2018) Die erfundene Wirklichkeit. Wie wissen wir, was wir wissen zu glauben. Beiträge zum Konstruktivismus. 11. Aufl., Piper, München, Zürich.

Abbildungsnachweis

Alle hier nicht aufgeführten Abbildungen und Grafiken stammen vom Autor selbst oder wurden nach dessen Vorlagen vom Verlag erstellt. Weitere Nachweise finden sich an den Abbildungen.

Andreas Meyer, Bruchsal
Abb. 3

Felix Hu/Pixabay
Abb. S. 76

Klaus von Frieling, Oldenburg
Umschlag (Vordergrund)

Sebastian Drolshagen, Dortmund
Umschlag (Hintergrund)

Über den Autor

Michael Bräuer (Jahrgang 1975) ist stellvertretender Schulleiter und pädagogischer Leiter der Staatlichen Feuerwehrschule Würzburg. Er trat 1991 in die Freiwillige Feuerwehr ein. Nach dem Studium der Umwelt- und Bioingenieurwissenschaften und einer Tätigkeit in einem mittelständischen Maschinenbauunternehmen absolvierte er 2006 bis 2008 die Ausbildung für den höheren feuerwehrtechnischen Dienst mit Ausbildungsabschnitten bei den Berufsfeuerwehren Köln, Mainz, Berlin und Nürnberg sowie im Innenministerium Schleswig-Holstein. Von 2008 bis 2013 war er Leiter der Landesschule für Brand- und Katastrophenschutz Mecklenburg-Vorpommern. An der Feuerwehrschule Würzburg ist er neben Personal, Finanzen, Lehrgangsplanung und -organisation, dem hauswirtschaftlichen Betrieb und der IT insbesondere für die Aus- und Fortbildung der Lehrkräfte verantwortlich.

Er beschäftigt sich seit über 20 Jahren autodidaktisch mit Pädagogik, Lernpsychologie, neurologischen Grundlagen des Lernens, konstruktivistischer Didaktik und Lehr- und Lernforschung und ist seit 28 Jahren als Ausbilder tätig. In seinen Veröffentlichungen wirbt er für eine Übertragung konstruktivistischer Ansätze in die Feuerwehrausbildung.

Notizen:

Notizen:

Notizen:

Notizen: